無国籍食堂 メウノータの ヴィーガンレシピ

meu nota 伴 奈美

ずっと変わらずにつくり続けている 「メウノータ」の定番レシピ。

2010年、東京・高円寺に開いたヴィーガンカフェ＆食堂「メウノータ」。

オープンしたばかりの頃は、まだ「ヴィーガン」という言葉も耳慣れない方が多く、「お肉やお魚だけでなく、卵や牛乳、チーズといった乳製品も含めて、動物性のものを食べない食のスタイルです」と説明することもよくありました。あれから10年以上が経ち、今では海外から日本を訪れる方が増え、ヴィーガン料理は以前よりもずっと浸透しました。「食にも多様性がある」ということが広く知れ渡ってきたと感じています。

そんな時代の移り変わりを経て今回、最初の著書『無国籍ヴィーガン食堂「メウノータ」の野菜がおいしい！ベジつまみ』と、共著の『卵・バター・生クリーム・チーズをつかわないタルトとキッシュ』のなかから私が担当したパートを合わせて再編集し、お届けすることになりました。『ベジつまみ』は刊行から10年経ちましたが、どのレシピも変わらずつくり続けているものばかり。そんなふうに大切にしてきた定番レシピを、最近になってヴィーガン料理に興味を持ったり、つくってみたいと思ったりした方々にも、ぜひお伝えできればと思っています。

ヴィーガン料理の難しさは、「どうやって満足感のある味をつくるか」ということ。慣れ親しんだお肉やお魚、卵や乳製品といった動物性の旨みは、もともと満足感があります。それを植物性の材料だけで成立させるには、しっかり素材の味を引き出す調理法を選んで、おいしさが何倍にもふくらむ味の組み合わせを考えなければいけません。

この本では、私が繰り返しつくっているベジソースやヴィーガンチーズ、ヴィーガンバター、キッシュ＆タルト台といった「ベースとなるレシピ」を紹介し、それを使ってつくれる料理やスイーツをたっぷり収録しています。基本レシピさえ覚えれば、自分流にアレンジする楽しみもあります。ぜひ、ヴィーガン料理をもっと気軽につくって、味わう楽しみを感じていただけたら幸せです。

「メウノータ」店主　伴 奈美

「meu nota」に込めた思い

ポルトガル語で「meu＝わたし」（文法的には女性形の「minha」となりますが、広い意味でとらえて）、「nota＝レシピ、メモ、音」。料理をする「わたし」、お客さんやアーティストのみなさんも「わたし」。このお店が、関わる人々の思いを表現する場になるようにと願って名づけました。

Contents

-Vege Sauce-

ヴィーガンチーズ＆バターの大満足レシピ

野菜パテから広がるレシピいろいろ

卵も乳製品も使わないキッシュ&タルト

-Vegan Quiche & Tart-

メウノータの
人気メニューから

この本で使う

調味料＆食材

「メウノータ」で使っている
調味料＆食材は、
できるだけ昔ながらの
製法でつくられているもの、
食品添加物を使っていないものに
こだわっています。
おいしいヴィーガン料理を
つくるための選び方のポイントを
お伝えします。

しょうゆ

国産の丸大豆を使った本醸造のもの。
伝統的な木樽で熟成させたものは風味
がよく、料理の味が豊かになります。

てんさい糖

大根のような見た目の作物「てんさい」
から糖分を抽出してつくられる砂糖。ミ
ネラルが豊富でやさしい甘味です。

みそ

旨みがありながらクセの強くないも
の。バランスのいい中辛口の信州みそ
は、メウノータのレシピに合います。

自然塩

精製塩とは異なり、ミネラルを豊富に
含むのが自然塩。まろやかな味わいが
素材の味を引き立てます。

りんご酢

アルコールなどを添加したものではな
く、りんごをしぼった果汁を発酵させ
てお酢にしたものを選んでください。

豆乳

大豆をそのまましぼった「無調整」タイ
プを使います。飲みやすく味をととのえた
「調製」タイプは避けてください。

なたね油

揚げ物や炒め物に使うのは、クセのないなたね油。化学溶剤を使わない**圧搾法でしぼったもの**がおすすめです。

ごま油

こうばしさを出すときは**茶色い焙煎タイプ**、素材の味をいかすときは**太白タイプ**。どちらも圧搾法を選びます。

べに花油

圧搾法でつくられた高オレイン酸のもの。加熱に強く、食感が軽いので、P76の「キッシュ＆タルト」に使います。なければグレープシードオイルなど他のくせのない植物油でも代用可能。

EXVオリーブオイル
（エキストラバージン）

加熱せず使う場合は**風味がしっかりしているもの**、加熱する場合は**手頃な価格のもの**と使い分けています。

ココナッツオイル

料理には素材の味をいかせる**無香タイプ**を使ってください。香りがあるタイプは、風味をいかしてお菓子に使うのがおすすめ。

料理をつくる前に

大さじ1は15㎖、小さじ1は5㎖です。

「ひとつまみ」は親指と人さし指と中指の3本でつまんだ分量で、だいたい1gです。「少々」は親指と人さし指でつまんだ分量で、「ひとつまみ」よりもやや少なめです。

特に記載していない場合、皮をむかなくても食べられる野菜は皮ごと調理します。食感が悪くなったり、料理の色がきれいに仕上がらなかったりする場合は、皮をむきます。

オーブンはタイプ（電気・ガス）、メーカーによって火力が異なるため、温度・焼き時間に多少の差が出ます。レシピに示した時間を目安に、様子を見ながら焼いてください。

本書では主にハンディブレンダーを使用します。フードプロセッサーとは違い、鍋の中でも使えて、材料が熱いうちでもなめらかにつぶせるのがメリットです。

フードプロセッサーは、つぶしにくい材料（固まったココナッツオイルやもどした豆など、かたくてすべりやすいもの、飛び散りやすいもの）に使います。高野豆腐などを粗みじん切りにするのにも便利です。

Vege
Sauce

ベジソースで
かんたん！レシピ

動物性の食材をいっさい使わない、ヴィーガン料理。
素材の持ち味をいかすシンプルな料理もいいけれど、
満足感を感じるのはやっぱり、コクや旨みのある味つけ。
この章で紹介するソースがあれば、
いろいろな料理に重宝します！

ベジソースが使える、
3つの理由

1

動物性の食材を使わなくても、
深いコクと旨み！

野菜やナッツ、オイルなどを
組み合わせて、
コクや旨みをしっかりと
感じさせる味わいです。

2

ストックしておけば、
おいしい料理がすぐできる！

それぞれのソースは冷凍や冷蔵で
一定期間、保存OK！
これさえあれば、
いろんな料理に使えて便利です。

3

野菜や温野菜に
そのままつけてもおいしい！

料理が面倒なときは、
シンプルに野菜につけて楽しんで。
それだけで立派な
一品になるのがうれしい！

ベジアンチョビオイル

アンチョビの
なんとも言えない旨みにそっくり！
きのこ類とみそ、
アーモンドの組み合わせで、
あとをひく味わいの
オイルが完成します。

材料 （できあがり量：約450g）

えのきたけ（みじん切り） … 350g（約2パック分）
マッシュルーム（みじん切り） … 120g（約1パック分）
みそ … 20g

アーモンド（みじん切り） … 50g
EXVオリーブオイル … 240mℓ
塩 … 小さじ2

つくり方

1 鍋にすべての材料を入れて、ヘラで混ぜながら強火にかける。

2 ふつふつとオイルが沸いてきたら弱火にして20〜30分、じっくりと材料を焼くようにして煮る。ときどき混ぜる。

3 きのこ類とアーモンドがキツネ色になり、こうばしい香りがしてきたら火を止めてできあがり。

Memo

• オイルで煮るので、焦がさないように目を離さないでください。

[[便利な使い方]]

▷ 野菜を炒めると、
コクのある炒め物に。

▷ お酢やレモンを混ぜて、
サラダのドレッシングに。

▷ 具材をプラスして、
パスタソースに。

保存方法	粗熱がとれたら保存容器に移して冷蔵、またはフリーザーバッグに入れて冷凍。
保存期間	冷蔵で2週間　冷凍で2か月

根菜のアヒージョ

にんにくとオリーブオイルで素材を煮込む「アヒージョ」はおつまみの定番。
ベジアンチョビオイルを加えれば、ぐっと野菜の旨みが引き立ちます。

材料（2人分）

れんこん（7mm厚さの半月切り）… 25g

ごぼう（乱切り）… 25g

にんじん（乱切り）… 25g

大根（乱切り）… 25g

カブ（くし形切り）… ½個分

黒オリーブ … 6個

にんにく（スライス）… 1片分

A　ベジアンチョビオイル（P12）… 大さじ山盛り1
　　EXVオリーブオイル … 大さじ5
　　塩 … 小さじ⅓

パセリ（みじん切り）… 適量

つくり方

1　耐火用のうつわに、Aとパセリ以外のすべての材料を見栄えよく入れる。よく混ぜ合わせたAをかける。

2　うつわを直火にかけて、中火で加熱する。ふつふつと沸いてきたら弱火にし、アルミホイルなどをかぶせて、
　　7分ほど加熱する。

3　根菜に火が通ったら、火を止める。飾り用のパセリを散らす。

Memo

• れんこんとごぼうは、切ったら水にさらしてアクを抜き、水気をふきとってから加えて。

• 耐火用のうつわは、スペインのカスエラやエッグベーカーなどがおすすめ。なければ、小さめのフライパンや鍋でも。

［ ベジバーニャカウダ ］

お店でも人気のイタリアンな一品は、ベジアンチョビオイルがおいしさの秘密。
野菜につけて食べると手が止まらない、ワインも止まらない!

材料（つくりやすい分量）

キャベツ、セロリ、にんじん、カブ、
きゅうり、パプリカ、トマト、
スナップえんどう（ゆで）、ブロッコリー（ゆで）
など、好みの野菜 … 各適量

〈バーニャカウダソース〉
　ベジアンチョビオイル（P12）… 140g
　国産にんにく（芯を抜く）… 200g
　無調整豆乳 … 200㎖
　水 … 100㎖
　塩 … 小さじ1

つくり方

1　鍋に、〈バーニャカウダソース〉のにんにく、半量の豆乳、水、塩を入れ強火に
　　かけ、沸騰したら弱火にしてアクをとりながら、にんにくがやわらかくなるまで
　　ゆでる（**a**）。ザルにあげて汁気をきる（**b**）。きった汁は使わない。

2　**1**の空いた鍋に、にんにくをもどし、残りの豆乳、**ベジアンチョビオイル**を入れ
　　て中火にかける（**c**）。沸いたら火を止める。

3　**2**をハンディブレンダーでなめらかになるまですりつぶす（**d**）。これでソースの
　　完成。

4　好みの野菜を盛り合わせ、軽く温めた**3**を添える。

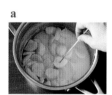
a

b

Memo ─────────────────────○

- **1**で豆乳で煮て、にんにくのくさみをしっかりとります。にんにくの風味がついたゆで汁は捨
  てずに、スープやパスタソースなど、ほかの料理に加えても。
- にんにくは、風味と香りのよい国産を使ってください。
- ハンディブレンダーがなければ、冷ましてからフードプロセッサーにかけるか、すり鉢ですって
  ください。
- 余ったソースは冷蔵で5日、冷凍で2か月、保存可能。

c

d

青ねぎと青菜のジェノバ風ペンネ

イタリア・ジェノバ地方のバジルを使う緑色のソースを、冷蔵庫に余っている青菜でつくりましょう。
ソースは6人分できるので、残りは冷凍保存がおすすめ。

材料（2人分）

〈ジェノベーゼソース〉
　冷蔵庫の余り青菜 … 250g
　（ほうれん草、小松菜など。キャベツもOK）
　青ねぎ（ざく切り）… 75g
　にんにく（みじん切り）… 2片分
　EXVオリーブオイル … 90mℓ
　ベジアンチョビオイル（P12）… 80g
　塩 … 小さじ1
　黒こしょう … 少々

〈パスタ&仕上げの材料〉
　ペンネ … 160g
　にんにく（みじん切り）… ½片分
　玉ねぎ（1cm幅のくし形切り）… ⅛個分
　青菜 … 120g
　（ほうれん草、小松菜、キャベツなど3cm長さに切ったもの）
　ミニトマト（半分に切る）… 10個分
　EXVオリーブオイル … 大さじ1
　塩、黒こしょう … 各少々

つくり方

〈ジェノベーゼソース〉をつくる

1 青菜はゆでて冷水にとり、水気をしっかりしぼってざく切りにする。青菜と残りの材料をすべてボウルに入れ（**a**）、ハンディブレンダー（またはフードプロセッサー）ですりつぶし、なめらかになったらソースの完成（**b**）。

パスタをゆでて仕上げる

2 鍋に湯をたっぷり沸かし、湯量の1%の塩（分量外）を加える。**〈パスタ&仕上げの材料〉**のペンネをパッケージに表示されている時間を目安に、好みのかたさにゆでる（ゆで汁はとっておく）。

3 ペンネをゆでている間に、フライパンに、にんにくとEXVオリーブオイルを入れ、弱火にかける。香りが出て色づいてきたら、玉ねぎ、青菜を加えザッと炒め合わせる。ペンネのゆで汁少々を加えて強火にし、フタをして30秒ほど蒸し焼きにする。

4 ゆであがったペンネ、**1**の**〈ジェノベーゼソース〉**150g、ミニトマトを**3**のフライパンに加えて、中火にかけながらソースが全体によくからむように混ぜる。水分が少なくなったら、またペンネのゆで汁を加えて調整する。最後に塩、黒こしょうで味をととのえる。

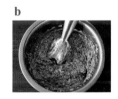

Memo

• 〈ジェノベーゼソース〉のできあがり量は約450g。300g残るので、あと4人分つくれます。
• 余ったソースは冷蔵で3日、冷凍で2週間、保存可能。

豆乳オランデーズソース

ほんのりレモンの酸味がきいていて、
まろやかでクリーミーなオランダ風ソース。
牛乳や生クリームを使わず、
豆乳だけで仕上げるのがポイントです!

材料（できあがり量：約550g）

玉ねぎ（1cm角に切る） … 250g（約1個分）
なたね油 … 大さじ5
米粉 … 30g
塩 … 小さじ2

A　無調整豆乳 … 300mℓ
　　レモンのしぼり汁 … 大さじ3（約1個分）
　　レモンの皮（黄色い部分のみすりおろす） … 1個分

つくり方

1　　鍋になたね油を入れ、強火にかける。油が温まってきたら玉ねぎ、塩を入れ、透きとおって甘みが出るまで、じっくり炒める。

2　　米粉を加えて混ぜ、全体になじんだら、**A** を順に加えて中火にする。

3　　ひと煮立ちしたら火を止める。ハンディブレンダーで攪拌し、なめらかになったらできあがり。

Memo

- 温かいまま使っても、冷やしても、どちらでもおいしいソースです。
- 米粉を使うことで、とろみがつきます。

[[便利な使い方]]

▷ マヨネーズ感覚で、蒸し野菜にかけて。

▷ 野菜にかけて、オーブン焼きに。

▷ しょうゆとすりおろし野菜（玉ねぎや大根、にんじんなど）を加えて、和風ドレッシングに。

保存方法	粗熱がとれたら保存容器に移して冷蔵、またはフリーザーバッグに入れて冷凍。
保存期間	冷蔵で5日　冷凍で2か月

アマランサスのタラモサラダ風

アマランサスのつぶつぶ感がまるでタラコ！
できたての温かいままでも、冷蔵庫で冷やしても、どちらでもおいしいです。

材料（つくりやすい分量）

A アマランサス … 50g
　 じゃがいも（乱切り）… 250g
　 トマト（ざく切り）… ½個分
　 にんにく … 1片
　 水 … 100㎖
　 バルサミコ酢 … 小さじ½
　 塩 … 小さじ½
B 豆乳オランデーズソース（P18）… 80g
　 EXVオリーブオイル … 大さじ1
　 しょうゆ … 小さじ½
塩、黒こしょう、カイエンペッパー … 各少々
小ねぎ（小口切り）… 小さじ1
バゲット（5㎜スライス）… 適量

つくり方

1 圧力鍋に A を入れてフタをする。強火にかけ、ピンが上がって圧力がかかり始めたら、弱火で6分ほど加熱して火を止める。

2 1の圧力鍋のピンが下がったらフタを開け、マッシャーで全体をつぶす。

3 B をよく混ぜ合わせて、2に加え混ぜる。塩、黒こしょう、カイエンペッパーで味をととのえる。うつわに盛ってバゲットを添え、小ねぎを散らす。

Memo

• 圧力鍋がない場合は、鍋にフタをして強火にかけ、沸騰したら弱火で15分煮てください。

しいたけのアーモンド揚げ&豆乳タルタルソース

アーモンドスライスをまぶして、ふわっとこうばしく揚げます。
豆乳タルタルソースをたっぷりつけたら、たまらないおいしさ!

豆乳オランデーズソース

材料（4人分）

しいたけ（石づきのかたい部分を取り除く）… 8個
アーモンドスライス … 適量
揚げ油（なたね油など）… 適量

〈フリッター生地〉
　全粒薄力粉 … 60g
　炭酸水 … 80㎖
　塩 … ひとつまみ

〈豆乳タルタルソース〉
　豆乳オランデーズソース（P18）… 50g
　玉ねぎ（みじん切り）… ¼個分
　ケイパー（みじん切り）… 5g
　白ワインビネガー … 小さじ1
　塩、黒こしょう … 各少々
　パセリ（みじん切り）… 少々

つくり方

1　〈豆乳タルタルソース〉をつくる。玉ねぎはあらかじめ水にさらして辛みをとり、水気をしっかりしぼっておく。パセリ以外のすべての材料をボウルに入れて混ぜ合わせたら完成。小皿に盛り、パセリをふる。

2　〈フリッター生地〉をつくる。全粒薄力粉に塩、炭酸水を加えて、菜箸でさっくり混ぜ合わせる。粉っぽさが残っていてもよい。

3　しいたけを **2** にくぐらせて、アーモンドスライスを全体にまぶしつける。180℃に熱した揚げ油で、キツネ色になるまで揚げる。うつわに盛り、**1** を添える。

Memo

• しいたけの代わりに、マッシュルームや蒸しにんじんでもおいしいです。

• 〈豆乳タルタルソース〉は、フライにもぴったり。

温かいキャロットラペ　焼きぶどう入り

フランスで定番のにんじんサラダ、キャロットラペのホットバージョン。
豆乳オランデーズソースとセミドライに焼いた巨峰の甘みが、にんじんに合います。

材料（4人分）

にんじん（せん切り）… 150g
玉ねぎ（スライス）… ⅙個分
レタス（せん切り）… 3枚分
タイム（飾り用）… 適量
A　**豆乳オランデーズソース**（P18）… 120g
　　粒マスタード … 小さじ山盛り1
　　EXVオリーブオイル … 大さじ1
　　塩、黒こしょう … 各少々

〈焼きぶどう〉
　巨峰 … 10粒分
　（皮つきのまま縦半分にカットし種を取り除く）
　EXVオリーブオイル … 大さじ1

つくり方

1　〈焼きぶどう〉をつくる。オーブンペーパーを敷いた天板に巨峰を断面を上にして並べ、EXVオリーブオイルをふりかける。180℃に予熱したオーブンに入れ、20分ほど焼いて取り出す。

2　沸騰した湯に、にんじん、玉ねぎ、レタス、塩ひとつまみ（分量外）の順に入れてひと煮立ちさせる。1分ゆでたら、ザルにあげてしっかり水気をきる。

3　ボウルに **1** の〈焼きぶどう〉、**2** を入れ、温かいうちに **A** で和える。うつわに盛り、タイムを散らす。

Memo

• 冷やしてもおいしいサラダです。

• 〈焼きぶどう〉をつくるのが面倒なときは、干しぶどうを使って。

アップルジンジャー チリソース

りんごの甘みとしょうがの辛みで、
東南アジアのスイートチリソース風。
ナンプラーを使わなくても、
とびっきりエスニックな料理がつくれます。

材料（できあがり量：約500g）

りんご（すりおろす）… 450g（約2個分）
しょうが（すりおろす）… 50g
りんご酢 … 100㎖
水 … 100㎖
てんさい糖 … 大さじ4

しょうゆ … 大さじ4½
塩 … 小さじ1
A　にんにく（みじん切り）… 3片分
　　唐辛子（湯でもどし、種を除いてみじん切り）… 5本分

つくり方

1　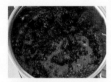　Aを除く材料をすべて鍋に入れて、中火にかける。煮立ったら弱火に落として、10分ほど煮る。

2　　Aを加えて、さらに2分ほど煮てにんにくの風味を引き出す。

3　　少しもったりとしてきたら、火を止めてできあがり。

Memo

• 唐辛子の量は好みで調節してください。てんさい糖の代わりに米あめを加えると、照りがでます。

• トマトピューレを足すと、焼き肉のタレ風の味になります。バーベキューにもぴったり！

保存方法　粗熱がとれたら保存容器に移して冷蔵、またはフリーザーバッグに入れて冷凍。

保存期間　冷蔵で2週間　冷凍で2か月

[[便利な使い方]]

▷ カリッと焼いた厚揚げや油揚げにのせて。

▷ 素揚げした野菜に添えて。

▷ せん切り野菜と共に、冷たい麺と和えて。

凍り豆腐とカリカリお揚げの玄米チャーハン

肉そぼろのような凍り豆腐とこうばしい油揚げが食べごたえあり。
ほんのり甘いチリソースで味つけした、南国風味のチャーハンです。

材料 (2人分)

凍り豆腐 (つくり方は下記参照) … 1丁分
油揚げ (せん切り) … 3枚分
ゴーヤー (5mm厚さの半月切り) … 1本分
炊いた玄米 (温かいもの) … 360g
アップルジンジャーチリソース(P22)
　　… 大さじ山盛り3
なたね油 … 大さじ2
ごま油 … 小さじ1
塩、黒こしょう … 各適量
小ねぎ (小口切り) … 大さじ1

Memo

* 材料の「凍り豆腐」は、木綿豆腐をひと晩、
  冷凍庫で凍らせただけのもの。室温解凍
  か、流水を直に当てて解凍し、水気をしぼっ
  て使います。

つくり方

1　フライパンを弱火にかけ、油揚げをカリカリになるまで炒める(油
　　はひかない)。取り出しておく。

2　1の空いたフライパンになたね油をひいて強火にかけ、大きめ
　　のそぼろ状に手でほぐした凍り豆腐、ゴーヤー、塩ひとつまみを
　　入れて、1分ほど炒める。

3　2に玄米を加えて、鍋肌に焼きつけるようにして、こうばしく炒める。

4　3にアップルジンジャーチリソースを鍋肌から加え、炒めなが
　　ら全体にソースをからませる。塩、黒こしょう少々で味をととのえ
　　て、ごま油をまわしかけて火を止める。うつわに盛り、その上に
　　1をふんわりと盛り、小ねぎを散らす。

焼きなすとアボカドのタルタル

こうばしく焼いたなすに、まったりしたアボカド。
赤玉ねぎやパクチーもプラスしてチリソースで和えればアジア風! ビールにもぴったり。

材料（2人分）

なす … 3本
アボカド（1cm角に切る）… ½個分
赤玉ねぎ … ¼個
パクチー … 1株
ミニトマト（輪切り）… 2個分
アップルジンジャーチリソース（P22）… 大さじ3
松の実 … 小さじ1
塩、黒こしょう … 各少々
ごま油 … 小さじ1

Memo

• 焼きなすの皮は、実と皮の間に竹串を入れてむくと、
 きれいにむけます。熱いので火傷に気をつけて。

つくり方

1 赤玉ねぎは5mm角に切り、水にさらして辛みを抜き、水
 気をきる。パクチーは茎と葉に分け、茎は小口切りにす
 る。

2 焼きなすをつくる。なすのヘタの周囲にぐるっと切り込
 みを入れ、お尻からヘタに向かって箸を刺して通し、穴
 を開ける（破裂を防ぎ、火のとおりをよくする）。ガスコンロ
 に焼き網を敷き、なすをのせて強火で焼く。ときどき返
 し、皮の全面が真っ黒に焦げるまで焼けたら、ボウル
 に入れてラップをかぶせ、5分ほどおく。皮をむき、1cm
 角に切って冷ます。

3 ボウルに**2**のなす、アボカド、**1**の赤玉ねぎとパクチー
 の茎、ミニトマトを入れ、**アップルジンジャーチリソー
 ス**で和える。塩、黒こしょうで味をととのえたら、うつわ
 に盛る。仕上げにパクチーの葉を飾って松の実を散ら
 し、ごま油をまわしかける。

れんこんとこんにゃくの竜田揚げ

さっくりもっちりのれんこん、くにゃっとしたこんにゃく。
歯ごたえのコントラストがたまらない竜田揚げには、チリソースがぴったり!

材料（4人分）

こんにゃく … ½枚（200g）
れんこん … 200g
A アップルジンジャーチリソース（P22）
　 … 大さじ4
　 しょうゆ … 大さじ2
　 水 … 50㎖
片栗粉 … 適量
揚げ油（なたね油など）… 適量
アップルジンジャーチリソース（P22）
　 … 適量
小ねぎ … 適量
レモン（くし形切り）… 適量

Memo

• れんこんは蒸さずに揚げてもかまいません。シャクッとした歯ごたえになります。

つくり方

1 こんにゃくは手でひとくち大にちぎり、沸騰した湯で2分
 ほど湯通ししてくさみを抜く。ザルにあげて水気をきる。

2 れんこんは1.5cm厚さの半月切りにし、5分ほど水にさ
 らす。蒸気のあがった蒸し器で、5分ほど蒸す。

3 ポリ袋に**1**と**2**を入れ、**A**をもみこんで30分ほど下味
 をつける。

4 **3**の水気を軽くきって片栗粉をまぶし、180℃に熱し
 た揚げ油で、キツネ色になるまでカリッと揚げる。うつ
 わに盛り、小ねぎをちらした**アップルジンジャーチリ
 ソース**とレモンを添える。

ねぎごま塩
なめたけ

ニッポンの定番保存食、なめたけ。
しょうゆ味ではなく塩味でつくると、
きのこのソースとしていろいろな料理に
活用できて使い勝手ばつぐんです。

材料（できあがり量：約650g）

えのきたけ（1cm長さに切る） … 500g（約3パック分）
長ねぎ（みじん切り） … 160g
干ししいたけ … 5g
（1枚を水200mlでもどし、みじん切り。もどし汁も使う）

ごま油（太白） … 大さじ1
炒りごま（白） … 大さじ2
塩 … 大さじ1
みりん … 大さじ4

つくり方

1  鍋にごま油、長ねぎを入れて弱火にかける。香りがたってきたら、えのきたけと残りの材料（干ししいたけのもどし汁も）をすべて加えて強火にする。

2  煮立ったら中火に落とし、15〜20分煮る。煮ている間、焦げつかないようにときどき混ぜて。

3 水気がなくなり、半分程度にまで量が減ったら、火を止めてできあがり。

Memo

• 塩をしょうゆ大さじ4に置き換えてつくれば、しょうゆ味のなめたけになります。

[[便利な使い方]]

▷ 炊きたてのごはんにのせたり、納豆に混ぜたり。

▷ 冷たいそばやうどんと和えて。

▷ 冷や奴にのせたり、豆腐ステーキのソースにしたり。

保存方法	粗熱がとれたら保存容器に移して冷蔵、またはフリーザーバッグに入れて冷凍。
保存期間	冷蔵で5日　冷凍で1か月

チェリートマトのナムル&即席オイキムチ

ねぎごま塩なめたけがあれば、韓国風のナムルやオイキムチがおいしくつくれます。
さっぱりしているのに、お酒がすすむ味。ついつい箸が止まらなくなりそう。

材料（つくりやすい分量）

〈チェリートマトのナムル〉
チェリートマト（ミニトマトでも可、縦半分に切る）
　… 10個分
ねぎごま塩なめたけ（P26）… 大さじ4
ごま油 … 小さじ2
黒こしょう … 少々
小ねぎ（小口切り）… 大さじ1

〈即席オイキムチ〉
きゅうり … 4本
塩 … 小さじ2
A **ねぎごま塩なめたけ**（P26）… 100g
　大根（3cm長さのせん切り）… 100g
　にんじん（3cm長さのせん切り）… 80g
　しょうが（すりおろす）… 大さじ1
　にんにく（すりおろす）… ½片分
　唐辛子（種を除いて輪切り）… 1本分
　レモンの皮（黄色い部分のみすりおろす）
　　… 1個分
　レモンのしぼり汁 … 大さじ1½
　ごま油 … 大さじ1

つくり方

1　〈チェリートマトのナムル〉をつくる。すべての材料を和えて、冷蔵庫で30分ほど味をなじませるだけで完成。

2　〈即席オイキムチ〉をつくる。Aをボウルで和えて、15分ほどおいて味をなじませる。

3　板ずりしたきゅうりの両端を切り落として2等分し、端を1cmだけ残して十字に切り込みを入れる（a）。内側までしっかり塩をもみこみ、15分ほどおいたら出てきた水気をきる。

4　3の切り込み部分に四方から2を挟み、保存容器に並べて、冷蔵庫で1時間〜ひと晩おき、味をなじませる。

Memo

a

- ミニトマトのなかでも甘みの強いチェリートマトを使うのがおすすめ。
- オイキムチの大根とにんじんは、繊維に沿ってせん切りにすると食感よく仕上がります。

ブロッコリーの塩なめたけ山芋ソース

旨みのあるすりおろした山芋に、ねぎごま塩なめたけを混ぜ合わせるだけ。
この絶品ソース、オイルを加えないからとってもヘルシーです。

材料（つくりやすい分量）

ブロッコリー（小房に分けてゆでる） … 1株分
山芋（皮をむいてすりおろす） … 60g
ねぎごま塩なめたけ（P26） … 60g

Memo
- 山芋は水分が多くさらさらした長芋ではなく、むっちりして味の濃い大和芋などがおすすめ。

つくり方

1 ボウルに山芋と**ねぎごま塩なめたけ**を入れ混ぜ合わせる。

2 ブロッコリーをうつわに盛り、**1**をかける。

おからの蒸し春巻き

コクのあるねぎごま塩なめたけでおからを味つけ。そのまま生春巻きの皮で包んで蒸し上げます。
ベトナム風の甘辛いピーナッツソースがよく合います。

材料（10本分）

ライスペーパー … 10枚
青じそ … 10枚
もやし … 50本
A おから … 100g
　ねぎごま塩なめたけ（P26） … 100g
　にんじん（せん切り） … 20g
　干ししいたけ（もどして水気をしぼってみじん切り）
　　 … 2枚分
　しょうゆ … 小さじ1

〈メープルピーナッツソース〉
　ピーナッツバター（無糖） … 70g
　しょうゆ、玄米黒酢、メープルシロップ
　　 … 各小さじ5
　しょうが（すりおろす） … 大さじ1
　唐辛子（粗く砕く） … 1/2本分
　ピーナッツ（きざむ） … 大さじ1

つくり方

1 ボウルに **A** を入れてよく混ぜ合わせ、10等分する。

2 ライスペーパーを水（分量外）にくぐらせてもどし、青じそ、**1**、もやし5本の順でのせて（**a**）、手前から巻いて包む。巻き終わったらバットに並べて、ライスペーパーが乾かないように、かたくしぼった濡れ布巾をかけておく。

3 蒸気のあがった蒸し器にオーブンペーパーを敷き、**2**を隣同士がくっつかないように並べて、4分ほど蒸す。

4 〈メープルピーナッツソース〉の唐辛子とピーナッツ以外の材料を混ぜ合わせる。蒸し上がった春巻きをうつわに盛り、〈メープルピーナッツソース〉に唐辛子とピーナッツをトッピングして添える。

Memo
- ライスペーパーは、ザラザラした面が内側になるようにして具材を包んで。

ワインにぴったり、2種のハモス

「ハモス」とは、「フムス」とも呼ばれる、中東でおなじみの豆のペースト。
お店ではお酒のつまみに人気！
ここでは、家庭でつくりやすいレシピにアレンジしました。
どちらもたっぷりできます。冷蔵で3日、冷凍で1か月、保存可能です。

ひよこ豆のハモス

初めてニューヨークを訪れたときに出合って、
そのおいしさに大感激！ そのときに食べたものに近い味を
再現して、お店のメニューにしています。

材料（つくりやすい分量）

ひよこ豆（乾燥）… 200g
A タヒニ（無糖の白ごまペーストで代用可）… 20g
　すりごま（白）… 大さじ½
　にんにく（すりおろす）… ½片分
　しょうが（すりおろす）… 小さじ1弱
　レモン汁 … 大さじ1
　クミンパウダー … 5g
　EXVオリーブオイル … 大さじ5
　塩 … 小さじ2
〈トッピング〉
　パセリ（みじん切り）… 少々
　パプリカパウダー … 少々
　黒こしょう … 少々
　EXVオリーブオイル … 大さじ1
　レモン（スライス）… 適量

つくり方

1　ひよこ豆は米をとぐ要領で洗い、豆の3倍量の水（分量外）にひと晩浸してもどす。

2　鍋に**1**をもどし汁ごと入れて、強火にかける。沸騰したらザルにあけて、豆を水でサッと洗う。

3　**2**を鍋に戻し、新しい水をひたひたに入れて強火にかける。沸騰したら弱火にして、アクをとりながら豆がやわらかくなるまで40分～1時間ほど煮る（途中で水が少なくなったら足す）。豆が指でつぶせるくらいにやわらかくなったら火を止め、小さじ1（分量外）の塩を加えて、ゆで汁に浸したまま冷ます。

4　**3**のゆで汁120㎖を残し、ザルで水気をきる。飾り用の豆を大さじ3、取り分けておく。ボウルに豆と残しておいたゆで汁、**A**を入れてハンディブレンダー（またはフードプロセッサー）でつぶし、なめらかになるまで混ぜ合わせたら完成。

5　皿に盛り、**4**で取り分けておいた飾り用の豆をのせる。〈トッピング〉のパセリ、パプリカパウダー、黒こしょうをふり、EXVオリーブオイル大をまわしかけ、レモンを飾る。

Memo
• 「タヒニ」は中東で使われる白ごまペースト。輸入食材店などで購入できます。

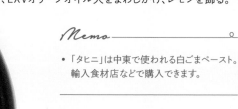

黒豆のハモス

ハモスを黒豆でつくったら、
「まるでレバーペーストみたいな旨みとコク」と
お店でも評判のメニューになりました。赤ワインによく合います！

材料（つくりやすい分量）

黒豆（乾燥）… 200g

A すりごま（黒）… 大さじ2
　　にんにく（すりおろす）… ½片分
　　レモン汁 … 小さじ2½
　　バルサミコ酢 … 小さじ1
　　コリアンダーパウダー … ひとつまみ
　　黒こしょう … ひとつまみ
　　EXVオリーブオイル … 大さじ5
　　塩 … 小さじ2

〈トッピング〉
　　パセリ（みじん切り）… 少々
　　パプリカパウダー … 少々
　　黒こしょう … 少々
　　EXVオリーブオイル … 大さじ1
　　レモン（スライス）… 適量

つくり方

1 黒豆はサッと洗い、豆の3倍量の水（分量外）にひと晩浸してもどす。

2 鍋に1をもどし汁ごと入れて強火にかける。沸騰したら弱火にして、アクをとりながら豆がやわらかくなるまで40分～1時間ほど煮る（途中で水が少なくなったら足す）。

3 豆がやわらかくなったら火を止め、小さじ1（分量外）の塩を加えて、ゆで汁に浸したまま冷ます。

4 あとは「**ひよこ豆のハモス**」のつくり方**4**、**5**と同じ。ただし、豆のゆで汁は200mlを残してつくってください。

Memo

• ひよこ豆は一度ゆでこぼしますが、黒豆はその必要はありません。

• ひよこ豆、黒豆のいずれも、ハンディブレンダーやフードプロセッサーがない場合は、すり鉢ですってください。

圧力鍋で豆を煮る　お店では、豆はいつも圧力鍋で煮ます。豆を3倍量の水にひと晩浸してもどし、圧力鍋にもどし汁ごと入れて強火にかけます。沸騰してアクをとったらフタをして、圧力鍋のメーカーが指示する時間で加熱して。一般的な圧力鍋なら、圧力がかかり始めてから15～20分が目安です。

Vegan Cheese & Butter

ヴィーガンチーズ&バターの
大満足レシピ

乳製品をいっさい使わず、
植物性の材料だけでチーズ&バターの味！
独特の発酵の旨みを豆乳や酒粕で表現したチーズ、
まろやかでミルキーなココナッツミルクのバターがあれば、
ヴィーガン料理のレパートリーが広がります。

ヴィーガンチーズ&バターが
おいしい、3つの理由

1

乳製品のような旨みとコク、
ミルキーな味は満足感あり!

豆乳や酒粕、ココナッツオイルなどの
絶妙な配合を試行錯誤して、
限りなく乳製品のおいしさに近づけた、
とっておきのレシピです。

2

洋風のレシピの
レパートリーが広がる!

一般的には乳製品を
使うことの多い洋風料理が、
おいしくつくれます。
ワインに合う一品もあっという間に完成!

3

そのままでも
手軽に味わえる!

チーズはそのまま食べたり、
サラダのトッピングにしたり。
バターは軽くトーストしたパンに塗れば、
最高においしい!

豆乳リコッタチーズ

脂肪分が少なく、さっぱりとした味わいが特徴の
リコッタチーズを豆乳でつくります。
りんご酢、EXVオリーブオイルを組み合わせて、
チーズらしいコクと発酵の風味に。

材料（できあがり量：約550g）

無調整豆乳 … 1ℓ
りんご酢 … 小さじ5
EXVオリーブオイル … 小さじ6
塩 … 小さじ1

つくり方

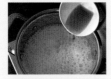
1 鍋に豆乳を入れて中火にかけ、ふつふつとしてきたら、りんご酢を混ぜる。

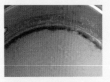
2 沸騰したら火を止め、15分ほどそのままおく。液体部分が透明になるまで、しっかり分離させる。

3 ボウルにザルを重ねて不織布タイプのクッキングペーパーを敷き、**2**の水分をしっかりきる（ボウルに残った液体は、あとで「**豆乳練乳**」にするのがおすすめ）。

4 水分をきり、リコッタチーズ状に固まった豆乳に、EXVオリーブオイル、塩を混ぜ合わせる。

保存方法	保存容器に移し、完全に冷めてから冷蔵する。
保存期間	冷蔵で1週間

Memo

- **3**で残った液体は「豆乳乳清」です。捨てずに、右ページの「豆乳練乳」をつくりましょう。

[[便利な使い方]]

▷ バゲットにのせて。サンドイッチの具にしても。

▷ シンプルなサラダに和えて。

▷ フルーツにトッピングして。

豆乳練乳

左ページの「豆乳リコッタチーズ」をつくるときに残る「豆乳乳清」。
豆乳の栄養が溶け出しているので、練乳をつくって、
ムダなく使いきるのがおすすめです。

材料（つくりやすい分量）

豆乳乳清（P34）… 400㎖
無調整豆乳 … 400㎖
てんさい糖 … 200g

Memo

・ビンなどの保存容器に入れて冷蔵で2週間、保存可能。

つくり方

1 鍋にすべての材料を入れて、弱火にかける。とろみがつくまで煮つめる。

Memo

・しょうが抜きでつくれば、プレーンなラッシーになります。

ジンジャーラッシー

豆乳練乳のおかげで、ヨーグルトを使わなくても
乳製品みたいにミルキー。しょうがの風味がアクセント！

材料（1人分）

無調整豆乳 … 150㎖
豆乳練乳（上記参照）… 大さじ2
しょうが（すりおろす）… 小さじ1
レモン汁 … 小さじ1
ミント（飾り用）… 適量

つくり方

1 ミント以外の材料を混ぜ合わせて、氷を入れたグラスに注ぐ。ミントを上に飾る。

スパイシーホットラム

豆乳練乳とラムを使った、ホットカクテル。
スパイシーな香り、ほんのり甘い練乳にやすらぎます。

材料（1人分）

ダークラム … 90㎖
水 … 100㎖
豆乳練乳（上記参照）… 大さじ1強
クローブ … 2粒
シナモンパウダー … 少々
ライム、シナモンスティック
（飾り用）… 適量

つくり方

1 ライムとシナモンスティック以外の材料を鍋に入れて中火にかけ、沸騰直前で火を止める。

2 1をカップに注ぎ、ライムとシナモンスティックを添える。

Memo

・お酒が苦手な人は、ラム＋水の分量を紅茶に置き換えて。甘さ控えめのチャイになります（ライムは使いません）。

豆乳リコッタチーズとトマトのサラダ

豆乳でできているチーズだから、たっぷり加えてもとってもヘルシー！
チーズみたいなコクと風味が、トマトの甘みを引き立てます。

材料（2人分）

豆乳リコッタチーズ（P34）… 大さじ山盛り4
トマト … 大1個
玉ねぎ … ⅛個
ベビーリーフ … 50g
バジル … 6枚
塩、黒こしょう … 各少々

〈**赤ワインビネガードレッシング**〉
　EXVオリーブオイル … 大さじ1½
　赤ワインビネガー … 小さじ1
　塩 … 小さじ⅓

つくり方

1　トマトはくし形切りに、1個を8等分する。
　玉ねぎはスライスして水にさらし、水気をきる。

2　ボウルに**1**、**豆乳リコッタチーズ**、ベビーリーフ、バジルを入れる。よく混ぜ合わせた〈**赤ワインビネガードレッシング**〉で和える。
　塩、黒こしょうで味をととのえる。

Memo

• トマトは、フルーツトマトやミニトマトなど、
　いろいろなトマトを組み合わせるときれいです。

豆乳リコッタチーズと和ハーブの雑穀玄米サラダ

青じそや小ねぎ、みょうがなど、和のハーブがたっぷり！
野菜の種類や量は好みで加減してOK。ドレッシングに使った梅肉の酸味もさわやか！

材料（2人分）

雑穀入り玄米ごはん（かために炊いて冷ましたもの）… 100g
豆乳リコッタチーズ（P34）… 大さじ山盛り3
水菜（3cm長さのざく切り）… 50g
サラダ菜（食べやすい大きさにちぎる）… 5枚分
きゅうり（小口切り）… ½本分
青じそ（せん切り）… 4枚分
小ねぎ（3cm長さに切る）… 1本分
玉ねぎ（薄切りにして水にさらし、水気をきる）… ⅛個分
みょうが（薄切りにして水にさらし、水気をきる）… 2本分
しょうが（せん切りにして水にさらし、水気をきる）… 15g
炒りごま（白）… 小さじ1

〈梅ドレッシング〉
　梅肉 … 小さじ2
　EXVオリーブオイル … 大さじ1
　しょうゆ … 小さじ½

つくり方

1 すべての材料をボウルに入れる。
よく混ぜ合わせた〈梅ドレッシング〉で和える。

2 うつわに余っているサラダ菜（分量外）があれば敷き、**1**を盛る。

Memo

- 「雑穀入り玄米ごはん」は、市販の「雑穀ミックス」を混ぜて炊いたものならなんでもOK！

- 玄米は、水の量を減らしてかために炊いておくと、サラダやリゾットをつくるのに便利。お店では、圧力鍋で炊いています。洗って水をきった玄米500g（浸水しません）、雑穀ミックス50g、水500㎖、塩ひとつまみを入れてフタをし、強火にかけます。圧力がかかり始めてから、ごく弱火で20分加熱して火を止めます。余ったら小分けにして冷凍します。

ズッキーニのファルシ モッツァレラ風

豆乳リコッタチーズに白玉粉を混ぜれば、まるでモッツァレラチーズ！
もっちりしたチーズ生地をズッキーニに詰めて揚げた、イタリア風のフライです。

材料（4人分）

ズッキーニ … 2本
揚げ油（なたね油など）… 適量

〈豆乳モッツァレラ〉
　豆乳リコッタチーズ（P34）… 100g
　白玉粉 … 60g
　白ワインビネガー … 小さじ½
　塩 … 小さじ½

〈衣〉
　薄力粉 … 40g
　水 … 小さじ3
　塩 … ひとつまみ
　パン粉 … 適量

つくり方

1　〈豆乳モッツァレラ〉の材料をボウルに入れ、白玉粉のつぶがなくなるまで
　　しっかりこねる（a）。

2　ズッキーニは1本を4等分に切る。りんごの芯抜きで中心部分をくり抜き、1の
　　〈豆乳モッツァレラ〉を細長い形状にして、穴にみっちりと詰める（b）。

3　2でくり抜いたズッキーニの芯は2等分して、残った〈豆乳モッツァレラ〉で包
　　み、団子状に丸める（c）。

4　〈衣〉のパン粉以外を混ぜ合わせる。2と3をくぐらせて、パン粉をまぶす。

5　4の詰めものをしたズッキーニのほうは、165〜170℃の揚げ油で7〜8
　　分、キツネ色になるまで揚げる。3のズッキーニの芯を包んだ団子のほうは、
　　180℃で3分ほど揚げる。

Memo —————————————○

• くり抜いた芯も、ムダなくおいしく食べきりましょう！
———————————————————

a

b
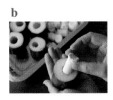

c

酒粕パルミジャーノ

パルミジャーノは
「パルメザンチーズ」とも呼ばれる
旨みたっぷりのチーズ。
酒粕とアーモンドパウダーを
組み合わせて焼くと、そっくりの味に。
お酒に合うので、そのままでもどうぞ。

材料（できあがり量：20×30cmのシート2枚）

酒粕 … 150g
アーモンドパウダー … 150g
塩 … 小さじ1

つくり方

1
ボウルにすべての材料を入れ、スケッパーで切り混ぜる。

2
生地が細かくなってきたら、両手ですり合わせるように混ぜ、そぼろ状にする。全体がまとまるまでこね続ける。

3
生地を2等分してそれぞれオーブンペーパーで挟み、めん棒で1～2mmの厚さ、20×30cmにのばす（同じものを2枚つくる）。

4
上にかぶせたオーブンペーパーをはがし、そのまま天板にのせ、100℃に予熱したオーブンで70分焼く。焼き上がったらペーパーにのせたまま、網の上などで冷ます。

保存方法	完全に冷めたら割って、密閉容器に入れる。
保存期間	常温で2週間

Memo

- 酒粕の水分が少なくてまとまりにくい場合は、ごく少量の水を加えてください。
- オーブンに100℃の設定がない場合は、最低の温度設定で、様子を見ながら短めに焼いて。
- 生地をのばした焼く前の状態で、冷凍もしておけます。オーブンペーパーに挟んだままフリーザーバッグに入れて、1か月保存可能。焼くときは、上のシートをはがして、解凍せずそのまま焼いてください。

〚 **便利な使い方** 〛

▷ シンプルなサラダのトッピングに。

▷ メープルシロップをたらしておつまみに。

▷ 砕いて粉チーズにして、パスタにふりかけて。

酒粕パルミジャーノとメロンのブルスケッタ

チーズのような発酵の旨みがきいた酒粕パルミジャーノとフレッシュフルーツ。
甘みと塩気の組み合わせは、まさにワインにぴったり、大人の味!

材料（つくりやすい分量）

酒粕パルミジャーノ（P40）… 適量
メロン（5mm厚さのひと口大に切る）… 適量
マカダミアナッツ（砕く）… 適量
ディル … 適量
黒こしょう … 適量

つくり方

1 **酒粕パルミジャーノ**は食べやすい大きさに割り、メロンをのせる。

2 マカダミアナッツとディルをトッピングし、黒こしょうをふる。

Memo

• 洋梨や桃、いちじくなど、季節のフルーツでアレンジ自由。
　ナッツやハーブも好みのものでためして。

〘 ヴィーガンシーザーサラダ 〙

酒粕パルミジャーノと、P12で紹介したベジアンチョビオイルを使えば、
絶品シーザードレッシングがあっという間に完成。レタスがぺろりといけちゃいます!

材料（4人分）

レタス … ½個
バゲット（1cm厚さ）… 6枚
酒粕パルミジャーノ（P40、トッピング用）… 適量
EXVオリーブオイル … 適量
塩、黒こしょう … 各少々

〈シーザードレッシング〉
　酒粕パルミジャーノ（P40）… 40g
　ベジアンチョビオイル（P12）… 大さじ山盛り1
　絹豆腐 … 150g（約½丁）
　無調整豆乳 … 40㎖
　にんにく … ½片
　EXVオリーブオイル … 大さじ3
　白ワインビネガー … 大さじ1½
　塩 … 小さじ½
　黒こしょう … 少々

つくり方

1　〈シーザードレッシング〉をつくる。すべての材料をフードプロセッサーに入れ
　　て、撹拌する（**a**）。全体がなめらかになったら完成（**b**）。

a

2　レタスはちぎらずに冷水に5分ほど浸してパリッとさせ、水気をしっかりきってガ
　　バッと2等分に割る。

3　EXVオリーブオイルをフライパンにひいて中火にかけ、バゲットの両面をカリッ
　　と焼く。

b

4　ボウルに**2**、**1**の〈シーザードレッシング〉大さじ山盛り3を入れ、ざっくりと和
　　えて、塩と黒こしょうで味をととのえる。うつわに盛り、**3**をのせ、**酒粕パルミ
　　ジャーノ**を割りながらトッピングする。

Memo
• 余ったドレッシングは冷蔵で3日、保存可能。
• フードプロセッサーがない場合は、すり鉢ですりつぶしてください。

カシューナッツクリームのカルボナーラ

カシューナッツと酒粕パルミジャーノを組み合わせたソースで、卵のコクを加えた
生クリームのようにリッチな味に。野菜もプラスして、彩りよく仕上げます。

材料（2人分）

〈カシューナッツクリーム〉
　カシューナッツ … 80g
　酒粕パルミジャーノ（P40）… 40g
　無調整豆乳 … 200㎖
　塩 … 小さじ1

〈パスタ&仕上げの材料〉
　フェットチーネ（乾麺）… 160g
　玉ねぎ（スライス）… ½個分
　赤パプリカ（スライス）… ½個分
　いんげん（スジを取り除き5㎜幅の斜め切り）… 10本分
　にんにく（みじん切り）… ½片分
　パセリ（みじん切り）… 小さじ1
　白ワイン … 大さじ2
　EXVオリーブオイル … 大さじ1½
　塩、黒こしょう … 各適量

つくり方

〈カシューナッツクリーム〉をつくる

1 カシューナッツは、暖かい季節は1時間、涼しい季節は3時間ほど水（分量外）に
　浸し、やわらかくする。すべての材料を容器に入れ、ハンディブレンダー（または
　フードプロセッサー）でなめらかにする（**a**）。

パスタをゆでて仕上げる

2 鍋に湯をたっぷり沸かし、湯量の1%の塩（分量外）を加える。〈パスタ&仕上げの
　材料〉のフェットチーネをパッケージに表示されている時間を目安にゆで始める。

3 フライパンにEXVオリーブオイルとにんにくを入れて弱火にかける。にんにくの香
　りがたって色づいてきたら、玉ねぎ、赤パプリカ、いんげんを順に加えてザッと炒
　め合わせ、白ワインを加えてアルコールをとばす。

4 3に1の〈**カシューナッツクリーム**〉、2のパスタのゆで汁90〜120㎖を加える
　（**b**）。ほどよいなめらかさにソースをのばし、火を止める。

5 2のフェットチーネがゆであがったら（ゆで汁はとっておく）、ザルにあけて湯をきり
　4に入れ、ソースをからめる。水分が足りないときは、パスタのゆで汁を少し足す
　とよい。塩、黒こしょうで味をととのえる。

6 5を皿に盛ってパセリを散らし、黒こしょうをふる。

a

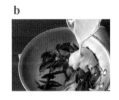

b

Memo ————————————————————○

• ハンディブレンダーやフードプロセッサーがない場合は、
　すり鉢ですりつぶしてください。

酒粕パルミジャーノ

ヴィーガンバター

ココナッツオイルだけだと
さらりとした個性のない油。
でも不思議、りんご酢と豆腐、
豆乳を加えると、発酵バターのように
ミルキーでリッチなおいしさに!

材料 （できあがり量：約350g）

ココナッツオイル（冷やして固まっているもの） … 200g
絹豆腐 … 60g
無調整豆乳 … 100mℓ

りんご酢 … 小さじ2
塩 … 小さじ⅔

つくり方

1  フードプロセッサーにココナッツオイルと塩を入れ、ポマード状になるまで撹拌する。分離しないように、側面のオイルもたまにゴムベラでこそげて混ぜる。

2  りんご酢を加えて、しっかりなじむまで撹拌する。

3  なじんできたら絹豆腐を加えて、再びしっかりなじむまで撹拌する。

4  豆乳を5、6回に分けて加えて、撹拌する。全体がなめらかで均一になったらできあがり。

Memo

- フードプロセッサーがないとつくれないレシピです。

- ココナッツオイルの融点は25℃前後。暖かい時季は常温だと液状ですが、寒くなると固まります。フードプロセッサーに入れるときは、冷やして固形状にしてから使って。液状の状態で計量して、冷蔵庫で固めてからつくると、分離せずきれいなバターになります。

- 通常のバターよりも溶けやすいので、手早くつくって。

便利な使い方

▷ 焼きたてのトーストにのせて。

▷ パンケーキにのせて、メープルシロップをかけて。

▷ にんじんやほうれん草など、野菜をバターソテーに。

保存方法	溶けないうちに保存容器に移して冷蔵、またはフリーザーバッグに小分けにして冷凍。
保存期間	冷蔵で1週間　冷凍で1か月

【 キャベツのステーキ 】

キャベツの甘みを引き立てる、バターしょうゆ味がたまらないおいしさ!
しっかり焼き色をつけると、こうばしい風味に仕上がります。

材料（2人分）

キャベツ… ¼個
ヴィーガンバター(P46) … 40g
EXVオリーブオイル … 大さじ1
しょうゆ … 小さじ2
塩、黒こしょう … 各少々

Memo

• キャベツは芯をつけたまま水洗いし、
　水気をきってから使います。

つくり方

1　キャベツは芯をつけたまま縦半分に切る。両面に軽く塩をふる。

2　フライパンにEXVオリーブオイルをひいて中火にかけ、温まったら**1**を
　入れる。1分ほど焼き、焼き色がついたら返し、水120㎖（分量外）を
　加えてフタをする。強火で1分、蒸し焼きにする。

3　**2**のフタを開け、**ヴィーガンバター**、しょうゆを加える。鍋底のソース
　をスプーンですくってキャベツにかけながら1分ほど焼き、味を含ませ
　る。ソースは半分程度になるまで煮つめる。

4　皿に**3**のキャベツを盛り、フライパンに残ったソースをかけて、好みで
　黒こしょうをふる。

里芋のローズマリー焼き

ほっこりと蒸した里芋が、ローズマリーの香りとにんにくバター味をまとって、
あとをひくおいしさ。白ワインが止まらなくなること、まちがいなし！

材料（4人分）

里芋 … 12個
ローズマリー … 3本（1本は葉をきざむ、2本は飾り用）
にんにく（みじん切り） … 1片分
A **ヴィーガンバター**（P46）… 30g
　　水 … 大さじ2
　　塩 … 小さじ⅔
EXVオリーブオイル … 大さじ2
黒こしょう、ピンクペッパー … 各適量

つくり方

1 里芋は皮をむいて塩少々（分量外）でもんでから洗い、一度ゆでこぼす。
　水で洗ってぬめりをとったら、蒸気のあがった蒸し器で15分ほど、竹串がスッ
　と通るくらいまで蒸す。

2 フライパンにEXVオリーブオイル、きざんだローズマリー、にんにく、**1**を入れて、
　弱火にかける（**a**）。オイルが温まってきたら里芋をときどきころがし、キツネ色
　になるまで、じっくりと焼く。

3 **2**にこんがりと焼き色がついたら、**A**を加える（**b**）。フライパンをゆすって全体
　に**ヴィーガンバター**をしっかりからませ、黒こしょうをふる（**c**）。仕上げにピンク
　ペッパーを散らし、ローズマリーを飾る。

Memo

• 里芋の皮は前もって洗って乾かしておくのがおすすめ。
　手がかゆくなりにくいです。

a

b

c

かぼちゃクッキーのレーズンバターサンド

ヴィーガンバターがあれば、人気のレーズンバターサンドもおまかせ！
かぼちゃとレーズンがたっぷり入ったスイーツは、赤ワインにぴったり。

材料（13個分）

〈かぼちゃクッキー〉

　かぼちゃ（蒸してつぶす）… 100g

A　てんさい糖 … 60g
　　　くるみ（フードプロセッサーまたはすり鉢で粉末にする）… 50g
　　　なたね油 … 大さじ4

B　薄力粉 … 85g
　　　全粒薄力粉 … 85g

〈レーズンバター〉

　ヴィーガンバター（P46、室温にもどしておく）… 120g
　レーズン（ゆでこぼしてラム酒小さじ1をからめておく）… 60g
　てんさい糖 … 大さじ2

つくり方

1　〈かぼちゃクッキー〉をつくる。ボウルにかぼちゃ、**A** を加えてゴムベラで混ぜ合わせる。**B** をザルなどでふるい入れてさっくり混ぜ、全体がまとまったら丸めてラップで包み、冷蔵庫で30分休ませる。

2　台の上に強力粉（分量外）で打粉をし、**1**のクッキー生地をめん棒で2mm厚さにのばす。7×4.5cmの型で、26枚抜く（**a**）。

3　**2**をオーブンペーパーを敷いた天板に並べる。生地ははがれにくいので、パレットナイフなどを使うとよい（**b**）。火が通りやすいようにフォークで2か所ピケする（**c**）。

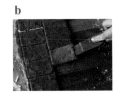

4　**3**を170℃に予熱したオーブンで20分焼く。焼けたらオーブンペーパーごと網の上にのせ、しっかり冷ます。

5　〈レーズンバター〉をつくる。室温にもどして少しやわらかくなった**ヴィーガンバター**をボウルに入れ、てんさい糖を加え混ぜて、さらにレーズンを加えてよく混ぜる。

6　**4**のクッキーで**5**を挟む（**d**）。サンドしたものは、早めに冷蔵庫に入れる。2時間以上冷やし、なじんだらできあがり。

Memo

- ヴィーガンバターは暖かい季節は、とても溶けやすいので気をつけて。〈レーズンバター〉をつくるときに溶けてきたら、ボウルを氷水に当てながら作業してください。
- 室温が高いときは、クッキーでバターをサンドしたら、すぐに冷凍室に入れて。溶けかけたバターを完全に固めてから、冷蔵室に移すのがおすすめです。

ビールがうまい、やっぱり揚げ物!

お店のメニューのなかで、人気があるのはやっぱり揚げ物。
お肉なしでも満足感があって、ビールがすすむとっておきの2品です。

ファラフェル

中東の名物料理で、ひよこ豆のコロッケ。
もどした豆を煮ないで粉砕するのが現地流。
家庭でつくりやすいように、材料をできるだけ減らしてアレンジしました。

材料（16個分）

ひよこ豆（乾燥）
　… 200g（ひと晩水に浸してもどす）
にんにく（みじん切り）… ½片分
パクチー（みじん切り）… 5g
ミント（葉の部分だけみじん切り）… 5g
クミンパウダー … 小さじ1
黒こしょう … 少々
塩 … 小さじ1
水 … 大さじ2
揚げ油（なたね油など）… 適量

つくり方

1　揚げ油以外の材料をすべて、フードプロセッサーに入れて攪拌する。豆が細かくなって、全体が均一に混ざり、生地がまとめられるくらいになるまで攪拌する（a）。

2　1を16等分し、小判形に丸めて形を整える。

3　揚げ油を180℃に熱し、2を揚げる。キツネ色になったらひとつ取り出して竹串を刺し、芯まで火がとおっているか確認する。竹串の先端がしっかり熱くなっていれば、残りも油から引き上げる。

Memo

• フードプロセッサーがないとつくりにくいレシピです。
• 生地がまとまりにくい場合は、様子を見ながら少し水の量を増やして。

エリンギの磯辺揚げ

見た目は、まるでちくわの磯辺揚げ!
エリンギの歯ごたえと青のりのおかげで、魚介の
フリットのような味わい。ふわっ、さくっとした衣がおいしい!

材料（4人分）

エリンギ（縦4等分に裂く） … 3本分
揚げ油（なたね油など） … 適量
レモン（くし形切り） … ⅙個分

〈フリッター生地〉
　全粒薄力粉 … 60g
　炭酸水 … 80㎖
　青のり … 大さじ1
　塩 … ひとつまみ

つくり方

1　〈フリッター生地〉の材料を混ぜて、エリンギをくぐらせる。
　　180℃に熱した揚げ油で、キツネ色になるまで揚げる。

2　皿に盛り、レモンを添える。

Memo

• 余った衣は、スプーンで落として揚げてしまいましょう。イタリアの
　「ゼッポリーニ」という、青のり入りピザ生地の揚げ物みたいで、
　おいしいです。

Vege Spread

野菜パテから広がる
レシピいろいろ

じゃがいもをベースにつくる野菜パテ。
たっぷりつくっておけば、
スープからハンバーグ、パスタまで、
みんなに好まれる、ボリューム感のある
レシピがすぐつくれて便利。
もちろん、パテだけで味わっても十分おいしい!

野菜パテが便利な、
3つの理由

1

大人から子どもまで、
みんなが好きな料理に変身!

ハンバーグやグラタン、
パスタ、パンケーキなど、
みんなの大好物に展開できます。
ボリュームのある料理がすぐに完成!

2

じゃがいものデンプンが、
とろみやつなぎに。

スープやグラタンにとろみをつけたり、
ハンバーグをしっかり固めたり。
パンケーキに加えれば、
ふわっとした食感に仕上げる効果あり。

3

そのままバゲットやクラッカーを
ディップしておいしい!

パテはバゲットや
クラッカーに添えるだけで、
気のきいたおつまみになります。
そのまま使えて便利!

基本のじゃがいもパテ

玉ねぎの甘みを
しっかり引き出して、
じゃがいもと一緒に
ペースト状にするだけ。
ルウ感覚で使えば
いろいろな料理がつくれるので、
とっても便利です。

材料（できあがり量：約500g）

じゃがいも … 250g
（皮をむいて1cm角に切り、水にさらす）
玉ねぎ（1cm角に切る）… 250g
にんにく（スライス）… 1片分
無調整豆乳 … 50mℓ
水 … 200mℓ
ローリエ … 1枚
ナツメグ … ひとつまみ
EXVオリーブオイル … 大さじ2
塩 … 小さじ1

[[　　便利な使い方　　]]

▷ バゲットやクラッカーの
　ディップとして。

▷ サンドイッチにはさんで。

▷ 冷やして
　好みの野菜を混ぜれば、
　なめらかなポテトサラダに。

▷ 温野菜の上にのせて、
　オーブンで焼いて。

保存方法	粗熱がとれたら保存容器に移して冷蔵、またはフリーザーバッグに小分けにして冷凍。
保存期間	冷蔵で4日　冷凍で1か月

つくり方

鍋にEXVオリーブオイル、にんにくを入れ中火にかける。

にんにくが色づいて香りが出てきたら、玉ねぎ、塩、ローリエを加える。玉ねぎが透き通って甘みが出るまで炒める。

ローリエを取り出し、水気をきったじゃがいもを加える。全体に油をまわす程度に、サッと炒める。

水、ナツメグを加える。フタをして弱火で10分、じゃがいもがやわらかくなるまで煮る。

豆乳を加えてひと煮立ちさせたら火を止め、ハンディブレンダーでつぶす。

なめらかなペースト状になったらできあがり。

Memo

- ハンディブレンダーがない場合は、冷めてからフードプロセッサーにかけてもOK。
  時間はかかりますが、マッシャーやすり鉢でつぶしてもつくれます。
- じゃがいもの品種によって仕上がりのかたさが変わります。
  ゆるい場合はペースト状にしたあとに弱火にかけて、少し水分をとばして。

野菜パテのバリエーション

にんじんパテ

にんじんの甘みと玉ねぎの甘みがぎゅっと
凝縮したおいしさ。鮮やかなオレンジ色がきれいなので、
彩りを添えたいときにも便利です。

材料（できあがり量：約600g）

にんじん（1cm角に切る）… 200g
じゃがいも（皮をむいて1cm角に切り、水にさらす）… 100g
玉ねぎ（1cm角に切る）… 200g
にんにく（スライス）… 1片分
無調整豆乳 … 50㎖
水 … 200㎖
ローリエ … 1枚
EXVオリーブオイル … 大さじ2
塩 … 小さじ1

つくり方

1 P56「基本のじゃがいもパテ」のつくり方
1〜6参照。ただし、にんじんはじゃがいも
と同じタイミングで加え、4でナツメグは加
えない。

 Memo

• ここで紹介する4種類のパテの保存方法と保存期
間は、P56「基本のじゃがいもパテ」と同じです。

ごぼうパテ

ごぼうの土のような香りと風味をとじこめたパテは、
レバーパテにも負けない個性の強さ。
だから、このパテだけでもお酒がすすんでしまいます。

材料（できあがり量：約600g）

ごぼう … 200g
（1mm厚さの斜め切りにして水にさらし、アクを抜く）
じゃがいも（皮をむいて1cm角に切り、水にさらす）… 100g
玉ねぎ（1cm角に切る）… 200g
にんにく（スライス）… 1片分

無調整豆乳 … 50㎖
水 … 200㎖
ローリエ … 1枚
EXVオリーブオイル … 大さじ2
塩 … 小さじ1

つくり方

1 P56「基本のじゃがいもパテ」のつくり方 1〜6参照。
ただし、ごぼうはじゃがいもと同じタイミングで加え、4でナツメグは加えない。

ほうれん草パテ

数ある青菜のなかでも、とりわけ
甘みがあってまろやか。そんなほうれん草ならではの
個性をしっかり引き出したパテです。

材料（できあがり量：約600g）

ほうれん草（ゆでてざく切りにする）… 200g
じゃがいも（皮をむいて1cm角に切り、水にさらす）… 200g
玉ねぎ（1cm角に切る）… 200g
にんにく（スライス）… 1片分
無調整豆乳 … 50ml

水 … 100ml
ローリエ … 1枚
EXVオリーブオイル … 大さじ2
塩 … 小さじ1

つくり方

1　P56「基本のじゃがいもパテ」のつくり方 1〜6参照。ただし、4でナツメグは加えない。
　　ほうれん草は、じゃがいもがやわらかくなったら加える。

赤パプリカパテ

火を通すと、トマトのようにとろっと甘くなり、
旨みが増すパプリカ。皮ごとすりつぶせば、
さっぱりしているのに味の濃いパテになります。

材料（できあがり量：約550g）

赤パプリカ（1cm角に切る）… 200g
じゃがいも（皮をむいて1cm角に切り、水にさらす）… 200g
玉ねぎ（1cm角に切る）… 200g
にんにく（スライス）… 1片分
無調整豆乳 … 大さじ2
水 … 大さじ2
ローリエ … 1枚
EXVオリーブオイル … 大さじ2
塩 … 小さじ1

つくり方

1　P56「基本のじゃがいもパテ」のつくり方
　　1〜6参照。ただし、赤パプリカはじゃがい
　　もと同じタイミングで加え、4でナツメグは
　　加えない。

Memo

• パプリカから水分が出るため、豆乳と水の分量
　が、ほかのパテより少なめです。

野菜パテで5つのスープ

P56〜59で紹介した5つのパテは、
どれもスープのもとになるすぐれもの。
具材や調味料をプラスして、
まったく味の異なる5種類のスープのできあがり!

「ごぼうパテ」で
ごぼうのカプチーノ

「にんじんパテ」で
にんじんと根菜のチャウダー

「ほうれん草パテ」で
**ほうれん草と厚揚げの
カレースープ**

「基本のじゃがいもパテ」で
ヴィシソワーズ

「赤パプリカパテ」で
**赤パプリカの冷たい
ココナッツスープ**

野菜パテ

【 にんじんと根菜のチャウダー 】

土の下でぐんぐんおいしく育った野菜がぎっしり、食物繊維たっぷりのスープ。

材料（3〜4人分）

にんじんパテ（P58）… 250g
無調整豆乳 … 100㎖
水 … 200㎖
EXVオリーブオイル … 大さじ1
塩、黒こしょう … 各少々
パセリ（みじん切り）… 少々
〈具の野菜〉
　玉ねぎ（1㎝角に切る）… ¼個分
　にんじん（1㎝角に切る）… 40g
　大根（1㎝角に切る）… 40g
　ごぼう（1㎝角に切り、水にさらす）… 40g
　さつまいも（1㎝角に切り、水にさらす）… 60g
　マッシュルーム（4等分する）… 2個分

Memo

• 具の野菜は、好みでアレンジして。

つくり方

1　鍋にEXVオリーブオイルをひいて中火にかけ、油が温まったら〈具の野菜〉の玉ねぎ、塩ひとつまみ（分量外）を加え、中火で炒める。

2　1が透きとおって甘みが出てきたら、〈具の野菜〉の残りをすべて加える。全体に油がまわったら分量の水を加えて強火に変え、ひと煮立ちしたらフタをして弱火で10分、野菜がやわらかくなるまで煮込む。

3　2に、にんじんパテ、豆乳を加える。ひと煮立ちさせたら塩、黒こしょうで味をととのえる。うつわに盛り、パセリを散らす。

【 ごぼうのカプチーノ 】

滋味あふれるごぼうのスープに、ふわっふわに泡立てた豆乳を浮かべて。

材料（2人分）

ごぼうパテ（P58）… 220g
無調整豆乳 … 200㎖
塩、黒こしょう … 各少々
すりごま（黒）… 少々

Memo

• 面倒なときは、泡立てるぶんの豆乳を分けずに、すべて最初に鍋に入れて。

つくり方

1　鍋にごぼうパテ、半量の豆乳を入れて中火にかけて温める。塩、黒こしょうで味をととのえる。

2　残りの半量の豆乳を別の鍋に入れて中火にかけ、泡立て器で混ぜながら沸騰直前まで温める。

3　1をスープカップの半分まで注ぎ、上に2をふんわりのせる。飾りに黒ごまをふる。

［ ほうれん草と厚揚げのカレースープ ］

インドのサグカレー風のスパイシーなスープ。ごはんにかけても最高においしい!

材料（3〜4人分）

ほうれん草パテ（P59）… 300g
玉ねぎ（みじん切り）… ½個分
トマト（ざく切り）… 1個分
しょうが（みじん切り）… 10g
厚揚げ … 1枚分
（縦半分にし、5mm厚さに切る）
クミンパウダー … 小さじ1
ガラムマサラ … 大さじ1
EXVオリーブオイル … 大さじ1
塩、黒こしょう … 各少々
水 … 220㎖
〈トッピング〉
　ミニトマト（4等分する）… 2個分
　しょうが（せん切り）… 適量

つくり方

1　鍋にEXVオリーブオイルをひいて中火にかける。油が温まったら、玉ねぎ、しょうがと塩ひとつまみ（分量外）を加えて、弱火に落として炒める。

2　玉ねぎがあめ色になってきたら、クミンパウダー、トマトを加えて中火で炒める。トマトの水分をとばすようにしながら、甘みを引き出す。

3　**2**に**ほうれん草パテ**を加えて、水でのばす。そこへガラムマサラ、厚揚げを加えてひと煮立ちさせ、塩、黒こしょうで味をととのえたら完成。うつわに盛り、〈トッピング〉を飾る。

Memo

• 玉ねぎは少し時間をかけてしっかり炒めると、風味がよくなります。
• スープではなく、カレーとしてごはんにかけて食べる場合は、これで2人分の量です。

［ ヴィシソワーズ ］

フランスの冷たいじゃがいもスープ。生クリームを使わなくてもこんなにミルキー!

材料（2人分）

基本のじゃがいもパテ（P56）… 300g
無調整豆乳 … 160㎖
塩 … 少々
パセリ（みじん切り）… 少々

つくり方

1　ボウルに**基本のじゃがいもパテ**、豆乳を入れて泡立て器で溶き混ぜ、塩で味をととのえて冷蔵庫で冷やす。

2　うつわに**1**を注ぎ、パセリを飾る。

赤パプリカの冷たいココナッツスープ

ココナッツミルクの甘みがアクセント。さわやかでエスニックなスープです。

材料（2人分）

赤パプリカパテ（P59）… 300g
ココナッツミルク（缶）… 160㎖
塩 … 少々
ミント、ライム … 各適量

つくり方

1　ボウルに**赤パプリカパテ**、ココナッツミルク（大さじ2を飾り用に取り分けておく）を入れて泡立て器で溶き混ぜる。塩で味をととのえて、冷蔵庫で冷やす。

2　うつわに**1**を注ぎ、取り分けておいたココナッツミルクを浮かべて、ミントをトッピングする。好みでライムをしぼる。

野菜パテ

じゃがいもとくるみのテリーヌ

まるでスイーツみたいですが、じつは「基本のじゃがいもパテ」でつくるテリーヌ。
寒天でしっかり固めて、くるみをあしらいます。持ちよりの一品にもおすすめ。

材料（18×8cmのパウンド型1台分）

基本のじゃがいもパテ（P56）… 500g
くるみ（ローストしたものを粗くきざむ）… 100g
水 … 100ml
粉寒天 … 6g

*「基本のじゃがいもパテ」を、
　P58〜59のほかの野菜パテに
　替えても、おいしくつくれます。

つくり方

1　鍋に水を入れ、そこに粉寒天をふり入れる。弱火で1分ほど温めて、寒天
　を煮溶かす。そこへ**基本のじゃがいもパテ**を加え、ヘラでよく混ぜ合わせ
　ながら、弱火で3分ほど加熱する（**a**）。

2　オーブンペーパーを敷いたパウンド型に**1**を流し込む（**b**）。10cmほどの高
　さから2、3回トントンと台に落として空気を抜く。

3　**2**の表面にくるみを敷きつめ、粗熱がとれたら、冷蔵庫で冷やし固める。
　固まったら型からはずし（**c**）、くるみの面を下にして皿に盛る。

Memo

• **1**で加えるパテは、別鍋で少し温めておくと混ぜやすいです。
• 生のくるみを使う場合は、160℃のオーブンで10分ほどローストして。
• 冷蔵で4日、保存可能です。

a

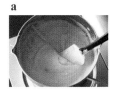

b

c

野菜パテ

〖 にんじんのふわふわパンケーキ 〗

焼き立てはふわっさくっ、時間がたつと米粉のもっちりとした食感になります。
サラダを添えればおしゃれなワンプレートに。お酒にも合う食事系のパンケーキです。

材料（直径10cmのパンケーキ6枚分）

にんじんパテ（P58）… 100g
A　無調整豆乳 … 200g
　｜米粉（小麦粉でも可）… 160g
　｜ベーキングパウダー … 8g
EXVオリーブオイル … 適量
メープルシロップ … 適量

〈グレープフルーツのサラダ〉
　グレープフルーツ（果肉だけ取り出す）… 1個分
　ベビーリーフ … 適量
　EXVオリーブオイル … 大さじ1
　塩、黒こしょう … 各少々

＊「にんじんパテ」を、P56〜59の
　ほかの野菜パテに替えても、お
　いしくつくれます。

つくり方

1　ボウルににんじんパテを入れ、A を加える（**a**）。泡立て器で均一に混ぜ合わ
　せる（**b**）。

2　フライパンにEXVオリーブオイルを薄くひいて弱火にかけ、**1**のパンケーキ生地
　（1枚あたり大さじ3）をフライパンに広げる。1分ほど焼き、こんがりと色づいたら返
　し（**c**）、フタをして1分半ほど焼く。両面が色づいたら皿に盛り、メープルシロッ
　プを添える。

3　〈グレープフルーツのサラダ〉の材料を食べる直前に和えて、**2**の皿に盛り合
　わせる。

Memo —————————————————————°

• 「ヴィーガンバター」（P46）をのせてもおいしいです。

a

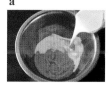

b

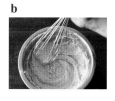

c

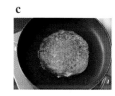

野菜パテ

❘ ごぼうパテの雑穀玄米リゾット ❘

パテを豆乳でのばして、雑穀入り玄米ごはんを加えれば、食物繊維たっぷりのリゾットになります。
ごぼうのしっかりとした味わいには、赤ワインがぴったり。

材料（2人分）

ごぼうパテ（P58）… 300g
雑穀入り玄米ごはん … 240g
（かために炊いて冷ましたもの）
にんにく（みじん切り）… ½片分
無調整豆乳 … 100mℓ
ルッコラ … 適量
ひまわりの種 … 大さじ1
A しょうゆ … 大さじ1
　　 塩、黒こしょう … 各少々
EXVオリーブオイル … 大さじ2

＊「ごぼうパテ」を、P56〜59の
　ほかの野菜パテに替えても、
　おいしくつくれます。

つくり方

1　フライパンにEXVオリーブオイル、にんにく、ひまわりの種を入れて弱火
　　にかける。

2　1のにんにくの香りがたって色づいてきたら、**ごぼうパテ**、豆乳を加え
　　て、中火にする。ひと煮立ちしたら、雑穀入り玄米ごはんを加えて混ぜ、
　　Aで味をととのえる。

3　2を皿に盛り、ルッコラをふわっとのせる。好みで黒こしょう（分量外）を
　　ふり、EXVオリーブオイル（分量外）をまわしかける。

Memo ─────────────────────

• 「雑穀入り玄米ごはん」は、P37の「豆乳リコッタチーズと和ハーブの雑穀玄米サ
　ラダ」と同じものを用意してください。

赤パプリカのフジッリアラビアータ

フレッシュなトマトに赤パプリカパテと唐辛子を加えれば、
かんたんにアラビアータソースのできあがり。パテの旨みがパスタによくからみます。

材料（2人分）

フジッリ … 160g
玉ねぎ（スライス）… ½個分
にんにく（みじん切り）… 1片分
唐辛子（種を抜く）… 2本
イタリアンパセリ … 適量
A　赤パプリカパテ（P59）… 300g
　　トマト（ざく切り）… 1個分
EXVオリーブオイル … 大さじ2
塩 … 適量

*「赤パプリカパテ」を「にんじんパテ」
　（P58）に替えても、おいしくつくれます。

つくり方

1　鍋に湯をたっぷり沸かし、湯量の1%の塩（分量外）を加える。フジッリをパッケージに表示されている時間を目安にゆで始める。

2　フライパンにEXVオリーブオイル、にんにくを入れ、弱火にかける。にんにくの香りがたって色づいてきたら、玉ねぎ、唐辛子、塩ひとつまみを入れ、1のパスタのゆで汁90〜120㎖を加えて、炒め合わせる。

3　2の玉ねぎが透き通って甘みが出てきたら、Aを加えてひと煮立ちさせる。

4　3に1のゆであがったフジッリを加えて、塩少々で味をととのえる。水分が少なければ、パスタのゆで汁を足して濃度を調整する。うつわに盛り、イタリアンパセリを散らす。

Memo

• 「フジッリ」は、ネジネジの形をしたショートパスタ。好みのパスタでつくっても。

ごぼうの照り焼きバーグ

ごぼうパテならではのおいしさ、お肉のようなボリューム感のある食べごたえ！
パテにオートミールを加えれば、ベジバーグに変身。男性にも人気の照り焼き味です。

材料（6個分）

ごぼうパテ（P58）… 150g
A 玉ねぎ（みじん切り）… ½個分
  オートミール … 100g
  塩 … 小さじ½
  黒こしょう … 少々
赤ワイン … 大さじ3
EXVオリーブオイル … 大さじ1

〈照り焼きソース〉
  水 … 100mℓ
  てんさい糖 … 大さじ1
  酒 … 大さじ1
  しょうゆ … 大さじ1½
  片栗粉 … 小さじ1

青じそ … 6枚
大根おろし … 大さじ6
小ねぎ（小口切り）… 大さじ1

つくり方

1 〈照り焼きソース〉の材料を小鍋に入れ、中火にかける。ひと煮立ちして、
  とろみがついたら火を止める。

2 Aをボウルに入れ、ごぼうパテを加える（a）。なじむまで混ぜ合わせ（b）、
  6等分して小判形にととのえる（c）。

3 熱したフライパンにEXVオリーブオイルをひいて中火にかけて、2を並べる。
  焼き色がつくまで1分ほど焼いたら返し、弱火に落として1分半焼く。

4 3を中火に変えて、鍋肌から赤ワインを加えて、アルコール分をとばす。
  さらに、弱火に落として1の〈照り焼きソース〉を加え、ベジバーグにからめる。

5 皿に青じそを並べて4を盛り、小ねぎを散らす。大根おろしを添えて、のせな
  がらいただく。

a

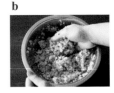
b

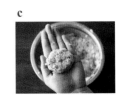
c

Memo

• 焼いたベジバーグに「アップルジンジャーチリソース」（P22）を
  そのままかけてもおいしいです。

ほうれん草クリームの野菜グラタン

ほうれん草パテをクリーミーにのばして、やさしい味のグラタンに。
相性のいいかぼちゃ、アスパラガスを重ねて、こんがりとオーブンで焼きます。

材料（直径20cmのグラタン皿1台分）

かぼちゃ（5mm厚さに切る）… 150g
アスパラガス … 6本
パン粉 … 適量

〈ベシャメルソース〉
　玉ねぎ（スライス）… ½個分
　ほうれん草パテ（P59）… 150g
　無調整豆乳 … 300mℓ
　薄力粉 … 大さじ3
　EXVオリーブオイル … 大さじ2
　塩、黒こしょう … 各適量

＊「ほうれん草パテ」を、
P56〜59のほかの
野菜パテに替えても、
おいしくつくれます。

つくり方

1　フライパンにEXVオリーブオイル大さじ1（分量外）をひいて中火にかけ、かぼちゃの両面を1分ずつ焼き、塩少々（分量外）をふる。

2　アスパラガスは根元から5cmほど薄く皮をむき、30秒ほどゆでて、2〜3等分しておく。

3　〈ベシャメルソース〉をつくる。鍋にEXVオリーブオイルをひいて中火にかけ、玉ねぎを炒める。透きとおって甘みが出てきたら弱火に落とし、薄力粉を加えて粉っぽさがなくなるまで炒める。そこに**ほうれん草パテ**、豆乳を混ぜてひと煮立ちさせ（**a**、**b**）、塩、黒こしょうで味をととのえる。

4　グラタン皿にEXVオリーブオイル（分量外）を薄く塗り、**3**の〈ベシャメルソース〉、**1**のかぼちゃ、**2**のアスパラガス、〈ベシャメルソース〉の順に重ねる（**c**、**d**）。パン粉をふってEXVオリーブオイル少々（分量外）をまわしかける。220℃に予熱したオーブンで5〜10分、キツネ色になるまで焼く。

Memo

• 〈ベシャメルソース〉をつくるのが面倒なときは、
　パテを少し豆乳でゆるめたものをソースとして使って。

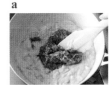
a

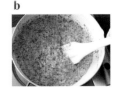
b

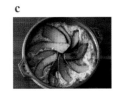
c

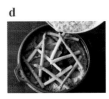
d

野菜パテ

つくり方をいつも聞かれる、
シメの一品

しっかり飲んでつまんだあと、お客さんが最後に頼むのはやっぱり主食の一品。
「どうやってつくるの?」といつも聞かれる、人気メニューのレシピを公開!

雑穀ときのこの
ボロネーゼ

ひき肉の代わりに、赤ワインでもどした
高野豆腐を使うのがポイント。いろいろな野菜をきざんで
じっくりコトコト煮込むので、深い味わいです。

材料（2人分）

〈ボロネーゼソース〉
玉ねぎ（みじん切り） … 1個分
にんじん（みじん切り） … 1本分
セロリ（みじん切り） … 60g
きのこ … 合わせて150g
（しめじ、まいたけなどをほぐす。えのきたけは3等分に切る）
にんにく（みじん切り） … 1片分
高野豆腐（赤ワイン100mlに浸しておく） … 2枚
雑穀ミックス … 60g
ホールトマト（つぶしておく） … 1缶（約400g）
水 … 250ml
ローリエ … 1枚
ナツメグ … 少々
EXVオリーブオイル … 大さじ2
塩 … 小さじ1
黒こしょう … 少々

〈パスタ&仕上げの材料〉
スパゲティーニ … 160g
にんにく（みじん切り） … ½片分
EXVオリーブオイル … 大さじ1
無調整豆乳 … 50ml
塩、黒こしょう … 各少々
パセリ（みじん切り） … 適量

つくり方

〈ボロネーゼソース〉をつくる

1 赤ワインに浸しておいた高野豆腐（a）をフードプロセッサーで粗みじん切りにする（b）。

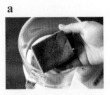

2 鍋にEXVオリーブオイル、にんにくを入れ、弱火にかける。にんにくから香りが出たら、玉ねぎ、ローリエ、塩ひとつまみ（分量外）を加えて、中火に変える。玉ねぎが透き通って甘みが出るまで炒める。

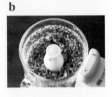

3 2にセロリ、にんじんを加えて炒め、甘みが出てきたら、きのこを加えて炒める。そこへ雑穀ミックス、水を加えてひと煮立ちしたら、フタをして弱火で5分煮る。

4 3に1の高野豆腐、ホールトマト、ナツメグを加えて中火にする。ひと煮立ちしたら弱火に落として15分ほど煮込み、塩、黒こしょうで味をととのえる。これで〈ボロネーゼソース〉のできあがり（c）。

パスタをゆでて仕上げる

5 鍋にたっぷりの湯を沸かし、湯量の1%の塩を加える。〈パスタ&仕上げの材料〉のスパゲティーニを袋に表示されている時間を目安にゆで始める。

6 フライパンにEXVオリーブオイル、にんにくを入れ、弱火にかける。にんにくから香りが出て色づいてきたら、4の〈ボロネーゼソース〉300g、豆乳を加えてひと煮立ちさせる。

7 5のゆであがったスパゲティーニを6に入れて和える。塩、黒こしょうで味をととのえて皿に盛り、パセリを散らす。

Memo

• 〈ボロネーゼソース〉のできあがり量は約1.2kg（8人分）。まとめて煮込んだほうがおいしくつくれます。余ったソースは冷蔵で5日、冷凍で1か月保存可能。ごはんにかけたり、フライドポテトに添えてもおいしいです。

• 高野豆腐は、フードプロセッサーがなければ、包丁で細かくきざんでください。

Vegan Quiche & Tart

卵も乳製品も使わない
キッシュ＆タルト

植物性の材料だけでつくるキッシュやタルトと聞くと
素朴でストイックな感じがするかもしれませんが、
台はサクサク、クリームは濃厚でとろとろ。
体にやさしいからこそ、
心おきなく楽しめるものばかり。

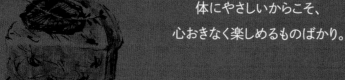

ヴィーガンキッシュ&タルトが
おいしい、3つの理由

1

バターを使っているような
サクサクのキッシュ&タルト台

生地の粉の配合を工夫しています。
全粒薄力粉と普通の小麦粉に、
少しだけ片栗粉を混ぜるのがポイント。
サクサクして軽やかなおいしさに!

2

キッシュ&タルト台があれば
バリエーションが広がる!

タルト&キッシュ台のレシピは
全レシピ共通なので、
一度覚えればスムーズ。
中身を変えてアレンジして
いろいろな味わいを楽しめます。

3

ヴィーガンとは思えない
華やかなビジュアルと味!

野菜や果物の美しい彩りをいかせるのが
キッシュ&タルトのいいところ。
見た目の華やかさに負けない、
しっかり満足感のある味です。

基本のキッシュ台

全粒薄力粉と強力粉に片栗粉を混ぜることで
軽くてサクサクした食感に。
ほんの少しだけ加える白みそで
乳製品のようなコクが出ます。

材料（直径15cmのケーキ型1台分）

A 全粒薄力粉 … 85g
　 強力粉 … 70g
　 片栗粉 … 5g
　 塩 … 小さじ⅛
　 植物油 … 45g
　 （ここでは高オレイン酸のべに花油を使用。
　 グレープシードオイルなどくせのないものでもよい）

B 水 … 大さじ2
　 白みそ … 小さじ¼

つくり方

生地をまとめ、休ませる

1  ボウルに **A** を入れ、泡立て器で混ぜ合わせる。

2  植物油を入れ、指先を使って全体をなじませ、細かいそぼろ状になるまですり混ぜる（こねないこと!）。

3  中央にくぼみをつくり、そこに混ぜ合わせた **B** を加える。

4 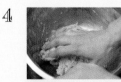 粉で水分を包むようにしながら手で生地を均一に混ぜ（こねないこと!）、丸くひとまとめにする。

 Memo

- **1〜2**は、フードプロセッサーを使ってもOKです。

5  ラップで包んで冷蔵庫で15〜30分休ませる。

のばして型に敷き込む

6　ラップを広げ、5の生地をのせ、さらにラップをかぶせ、めん棒で直径27cmの円形、2〜3mmの厚さにのばす。

7　上のラップをはずし、下のラップをつけたまま上下を返してめん棒に巻きつけ、はずしながら型に生地をかぶせる。

8　生地を型の底面と側面に指ではりつけていく。

9　型の上からめん棒を転がし、ラップをはがしてナイフで余分な生地を切り取る。切り取った生地は塩味のクッキーとしていっしょに焼いてもよい。

10　型をまわしながら指の腹で生地を型の側面に密着させていき、切り口も指先で押しながらきれいにととのえる。焼き縮みを考慮し、型より2mm程度上に生地が出るようにする。

空焼きする

11　フォークで生地の底に穴をあける。ラップをかぶせて、再度冷蔵庫で15〜30分休ませる。

12　生地にオーブンペーパーを敷いて重石をのせる。190℃に予熱したオーブンで25分ほど焼く。オーブンペーパーごと重石をはずして、さらに10分焼く。

保存方法	粗熱がとれたら型のままラップで覆って冷蔵。冷凍する場合はさらにアルミホイルで包むことで、冷凍庫のにおい移りを防ぐ。	
保存期間	冷蔵で3〜5日	冷凍で1か月

キッシュのパーツ

豆乳アパレイユ

豆腐のように濃い無調整豆乳と
にがりを合わせてつくります。
とろりとして、生クリームでつくる
アパレイユのような食感です。

材料（直径15cmのケーキ型1台分）

A　無調整豆乳（大豆固形分10%以上の濃いタイプ）… 100mℓ
　　葛粉 … 20g
　　白みそ … 小さじ½
　　塩 … 小さじ¼
　　ナツメグパウダー … 少々
無調整豆乳（大豆固形分10%以上の濃いタイプ）… 200mℓ
にがり（＊）… 12g

＊「にがり」はメーカーによって塩化マグ
ネシウムの濃度が違います。ここで
は、100mℓあたりナトリウム330mg、
塩化マグネシウム950mgのにがりを
使用。濃度の高いにがりを使用する
場合は、3〜6mℓ（豆乳の総量に対し
て1〜2%）に減らして調整してくださ
い。大手スーパーやネット通販などで
購入可。

つくり方

1  ボウルにAを入れ、ハンディブレ
ンダーでダマがなくなるまで混
ぜる。

2  無調整豆乳とにがりを加え、ゴム
ベラで静かに混ぜ合わせる。

3  目の細かいザルでこす（豆乳を混
ぜると泡が立ちやすいため、静かに
混ぜてから、一度こすとよい）。

Memo

• キッシュのアパレイユには、にがりを
加えてかたまるよう大豆固形分10%
以上の濃い無調整豆乳を使います。
パッケージに「豆腐がつくれる」と書
かれているのが目安です。

にんじん、くるみ、レーズンのディル風味キッシュ

キャロットラペをイメージしてつくったキッシュ。
くるみのこうばしさ、レーズンのほのかな甘みがアクセントに。

材料（直径15cmのケーキ型1台分）

キッシュ台（P78、型からはずさないでおく）… 1台
豆乳アパレイユ（P80）… 全量
にんじん（2mm幅のせん切り）… 140g
ディル（生、小口切り）… 10g
塩 … 小さじ⅓
くるみ … 50g
（170℃のオーブンで10分ほどローストする＊）
レーズン … 30g

〈飾り用〉
　ディル（生）… 4本
　ピンクペッパー … 10粒
　レーズン … 7粒
　くるみ（＊から取り分けておく）… 7粒

つくり方

1　ボウルににんじん、ディル、塩を入れて混ぜ合わせる。

2　キッシュ台にくるみ、レーズン、1の順に重ね入れる。
　さらに豆乳アパレイユを流し入れて、180℃に予熱し
　たオーブンで50分ほど焼く。

3　粗熱がとれたら冷蔵庫で冷やして生地をしめる。〈飾り
　用〉のディル、ピンクペッパー、レーズン、くるみをのせる。

Memo

• このキッシュは冷やして食べるのがおすすめです。

ヴィーガンキッシュ

3種のきのことフルーツトマトのキッシュ

たっぷりのきのこから出る旨味と、みずみずしいフルーツトマトを合わせたキッシュ。
ホットサラダのようなおいしさです。

材料（直径15cmのケーキ型1台分）

キッシュ台（P78、型からはずさないでおく）… 1台
豆乳アパレイユ（P80）… 全量
きのこ（しめじ、まいたけ、マッシュルーム）
　… 合わせて 200g
EXVオリーブオイル① … 大さじ1
塩① … 小さじ⅓
黒こしょう（粗挽き）… 少々
玉ねぎ（1〜2mm厚さの薄切り）… 200g
EXVオリーブオイル② … 小さじ4
塩② … 小さじ½
フルーツトマト（5mm厚さの薄切り）… 2個分
タイム（生、あれば）… 4本

つくり方

1　しめじとまいたけは石づきを除いて小房に分ける。マッシュルームも石づきを除いて、6等分のくし形切りにする。

2　フライパンにEXVオリーブオイル①をひいて強火にかけ、**1**のきのこを並べて焼く。色づいたら塩①、黒こしょうをふって味をととのえ、バットなどに移して冷ます。

3　フライパンに再びEXVオリーブオイル②をひいて中火にかけ、玉ねぎを入れ、塩②をふって、透き通るまで炒める。**2**のきのこを加えて、軽く混ぜ合わせて火を止める。

4　フルーツトマトは、塩ひとつまみ（分量外）をふり、10分おいてからキッチンペーパーで水気をふく。

5　**キッシュ台**に**3**を広げてのせ、**豆乳アパレイユ**を流し入れる。**3**のトマト、タイムをのせる。180℃に予熱したオーブンで、1時間ほど焼く。

Memo

- 粗熱がとれたら冷蔵庫で冷やしていったん生地をしめると、きれいにカットできます。焼きたてを切る場合も、粗熱がとれてからカットしてください。
- 冷たいままでもおいしく食べられますが、180℃のオーブンで10分ほど温めなおすのがおすすめです。

根菜パテとほうれん草のキッシュ

根菜と豆腐でパテをつくり、ほうれん草と重ねて焼き上げます。
れんこんと長芋のもっちり感を楽しんで。

材料（直径15cmのケーキ型1台分）

キッシュ台（P78、型からはずさないでおく）… 1台
ほうれん草 … 100g
イタリアンパセリ（飾り用）… 適量

〈根菜パテ〉

A 玉ねぎ … 50g
　 れんこん … 100g
　 にんじん … 50g
　 長芋 … 100g
B 絹ごし豆腐 … 150g
　 全粒薄力粉 … 70g
　 片栗粉 … 30g
　 塩 … 小さじ⅔
　 タイム（乾燥）… 少々
　 ナツメグパウダー … 少々
　 黒こしょう（粗挽き）… 少々

つくり方

1 ほうれん草は熱湯で30秒ほどサッとゆでて水にとり、水気をしぼってざく切りにする。

2 〈根菜パテ〉をつくる。A の野菜を適当な大きさに切り、B とともに何回かに分けてフードプロセッサーに入れて、食感が残る程度の粗いペースト状になるまで攪拌する。

3 キッシュ台に 2 の〈根菜パテ〉の⅓量を敷き詰め、1 のほうれん草の半量をのせる。続けて、〈根菜パテ〉⅓量、ほうれん草半量、〈根菜パテ〉⅓量の順にのせる。

4 180℃に予熱したオーブンで50分ほど焼く。粗熱がとれたら冷蔵庫で冷やして生地をしめ、イタリアンパセリを飾る。

Memo

• 粗熱がとれたら冷蔵庫で冷やしていったん生地をしめると、きれいにカットできます。焼きたてを切る場合も、粗熱がとれてからカットしてください。

• 冷たいままでもおいしく食べられますが、180℃のオーブンで10分ほど温めなおすのがおすすめです。

オニオングラタンの酒粕クランブルキッシュ

カリカリの酒粕入りクランブルと、とろとろの豆乳アパレイユが好相性。
にんにくと白ワインの風味、ローリエの香りもおいしさの要に。

材料（直径15cmのケーキ型1台分）

キッシュ台（P78、型からはずさないでおく）… 1台
豆乳アパレイユ（P80）… 全量

〈酒粕クランブル〉
A アーモンドプードル … 25g
　　 全粒薄力粉 … 25g
　　 塩 … ひとつまみ
B 酒粕 … 10g
　　 無調整豆乳 … 10g
　　 EXVオリーブオイル … 10g

C 玉ねぎ … 600g
　　（繊維に沿って1〜2mm厚さに切る）
　　 塩 … 小さじ1
　　 ローリエ（乾燥）… 1枚

にんにく（みじん切り）… 1片分
EXVオリーブオイル … 大さじ1
白ワイン … 大さじ2

つくり方

1 〈酒粕クランブル〉をつくる。ボウルに **A** を入れて泡立て器で混ぜ合わせる。別のボウルに **B** を入れて、泡立て器でダマがなくなるまで混ぜる。

2 **A** の中央にくぼみをつくり、そこに **B** を加えて指先でサッと混ぜ、粉をつまむようにして粗いそぼろ状にする（**a**）。

3 フライパンにEXVオリーブオイルとにんにくを入れて弱火にかけ、ほんのり色がついて香りがたってきたら **C** を加える。中火で20分ほど、あめ色になるまで炒める（**b**）。

4 **3**に白ワインを加えて、さらに5分ほど水分をとばすように炒める。ローリエを取り除き、**豆乳アパレイユ**を加えたら弱火にして、混ぜながらさらに1分ほど温める。

5 キッシュ台に**4**を流し入れ、**2**の〈酒粕クランブル〉をのせて、160℃に予熱したオーブンで50分ほど焼く。

Memo

- 粗熱がとれたら冷蔵庫で冷やしていったん生地をしめると、きれいにカットできます。焼きたてを切る場合も、粗熱がとれてからカットしてください。

- 冷たいままでもおいしく食べられますが、180℃のオーブンで10分ほど温めなおすのがおすすめです。

アボカドとじゃがいもとブロッコリーの
ジェノベーゼキッシュ

火を通したアボカドのコクとなめらかな味わいに、バジルが香る濃厚なアパレイユ。
ほっくりしたじゃがいもがよく合います。

材料（直径15cmのケーキ型1台分）

キッシュ台（P78、型からはずさないでおく）… 1台
アボカド（8等分のくし形切り）… 1個分
じゃがいも
（皮付きのまま1cm角に切って水にさらす）… 200g
ブロッコリー … 100g

〈バジル風味のアパレイユ〉
　無調整豆乳（大豆固形分9%未満のもの）… 150ml
　にがり … 8g
　A　無調整豆乳 … 50ml
　　　葛粉 … 13g
　　　塩 … 小さじ½
　　　バジル（生）… 20g
　　　EXVオリーブオイル … 大さじ1
　　　松の実 … 20g
　　　にんにく … ⅛片
　　　塩 … 小さじ½

つくり方

1　ブロッコリーを小房に分けてさらに半分に切る。

2　フライパンにEXVオリーブオイル大さじ1（分量外）をひいて中火にかけ、じゃがいもを入れて3分炒
　　める。さらに、1のブロッコリーを加えて2分炒める。塩小さじ½（分量外）をふって味をととのえる。

3　〈バジル風味のアパレイユ〉をつくる。ボウルにAを入れてハンディブレンダーでなめらかにする。
　　残りの豆乳とにがりを加え、ゴムベラで静かに混ぜる。

4　キッシュ台に2を入れてアボカドをのせ、3のアパレイユを流し入れる（このときアボカドをきれいに
　　並べると、切ったときの断面も美しい）。180℃に予熱したオーブンで50分ほど焼く。

Memo

• 粗熱がとれたら冷蔵庫で冷やしていったん生地をしめると、きれいにカットできます。
　焼きたてを切る場合も、粗熱がとれてからカットしてください。

• 冷たいままでもおいしく食べられますが、180℃のオーブンで10分ほど温めなおすのが
　おすすめです。

ヴィーガンキッシュ

レンズ豆とキヌアのキーマカレーと
なすのキッシュ

ほくほくのレンズ豆とプチプチ食感のキヌアでベジキーマカレーをつくり
ソテーして旨みを引き出したなすも合わせたキッシュです。

材料（直径15㎝のケーキ型1台分）

キッシュ台（P78、型からはずさないでおく）… 1台
豆乳アパレイユ（P80）… ½量
カレー粉 … 大さじ¼

なす（2㎝角に切って水にさらす）… 2本分
E　EXVオリーブオイル … 大さじ2
│　塩 … 小さじ¼

〈キーマカレー〉
　玉ねぎ（みじん切り）… 50g
　にんじん（みじん切り）… 50g
A　EXVオリーブオイル … 大さじ1
│　クミン（シード）… 1g
B　にんにく（みじん切り）… ¼片分
│　しょうが（みじん切り）… ¼片分
│　塩 … 小さじ1
│　ローリエ … 1枚
C　トマト（ざく切り）… 100g
│　カレー粉 … 小さじ1
D　レンズ豆 … 50g
│　キヌア … 220g
│　水 … 300㎖

つくり方

1　豆乳アパレイユにカレー粉を混ぜる。

2　鍋に A を入れて中火にかけ、クミンから細かい泡が出て香りがたってきたら、玉ねぎと B を
　加える。中火で玉ねぎが色づくまで炒める。にんじんを加えてさらに3分ほど炒めたら、C と
　D を加えて強火にする。ひと煮立ちしたら弱火で15分ほど、ふたはせずに煮込む。バットに
　移して粗熱をとる。

3　フライパンに E を入れて中火にかける（あらかじめ油に塩を加えておくと味がなじみやすい）。
　油が温まったらなすを加えて焼き、色づいたらバットに移して粗熱をとる。

4　キッシュ台に 2 を入れ、3 をのせて、1 のアパレイユを流し入れる。180℃に予熱したオーブ
　ンで45分ほど焼く。

Memo

• 粗熱がとれたら冷蔵庫で冷やしていったん生地をしめると、きれいにカットできます。焼きたてを切る場合も、
　粗熱がとれてからカットしてください。

• 冷たいままでもおいしく食べられますが、180℃のオーブンで10分ほど温めなおすのがおすすめです。

• グルテンフリーで低GI値の食材「キヌア」。食物繊維やカルシウム、ビタミン群や鉄分などを豊富に含みます。

基本のタルト台

全粒薄力粉と普通の薄力粉に、
片栗粉やてんさい糖を
加えるのがポイント。
焼くとこうばしさが際立つ
しっかりした食感の生地です。

材料（直径18cmのタルト型1台分）

A 全粒薄力粉 … 55g
 薄力粉 … 60g
 片栗粉 … 5g
 てんさい糖 … 25g
 塩 … ひとつまみ

植物油 … 30g
（ここでは高オレイン酸のべに花油を使用。
グレープシードオイルなどくせのないものでもよい）
水 … 大さじ1⅔（25g）
バニラエキストラクト（P96） … 小さじ¼

つくり方

生地をまとめ、休ませる

1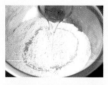
ボウルに **A** を入れて泡立て器で混ぜ、植物油をまわし入れる。

2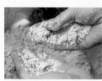
粉で油を包むようにしながら、手と指先を使って全体をなじませ、細かいそぼろ状になるまですり混ぜる（こねないこと!）。

3
中央にくぼみをつくり、水と**バニラエキストラクト**を加え、粉で水分を包むようにしながら手で生地を均一に混ぜる。丸くひとまとめにし、ラップで包んで冷蔵庫15〜30分休ませる。

Memo

• **1**〜**2**は、フードプロセッサーを使ってもOKです。

のばして型に敷き込む

4  ラップを広げ3の生地をのせ、さらにラップをかぶせ、めん棒でタルト型よりひとまわり大きい円形、2〜3mmの厚さにのばす。

5  上のラップをはずし、下のラップをつけたまま上下を返して型に生地をかぶせ、型の底面と側面に生地をはりつけていく。

6  型の上でめん棒を転がし 余分な生地を切り取り、ラップをはずす。切り取った生地は小さくまとめ、いっしょにクッキーとして焼いてもよい。

7  指の腹で生地を型の底面と側面に密着させていき、切り口も指先できれいにととのえる。焼き縮みを考慮し、型より2mm程度上に生地が出るようにする。

空焼きする

8  フォークで生地の底に穴をあける。ラップをかぶせて再度、冷蔵庫で15〜30分休ませる。180℃に予熱したオーブンで25分ほど焼く。

保存方法	粗熱がとれたら型のままラップで覆って冷蔵。冷凍する場合はさらにアルミホイルで包むことで、冷凍庫のにおい移りを防ぐ。
保存期間	冷蔵で3〜5日　冷凍で1か月

タルトのパーツ

クレームダマンド

アーモンドプードルに
全粒薄力粉と絹ごし豆腐を加えてつくる、
ヴィーガンの濃厚なクレームダマンドです。

材料（直径18cmのタルト型1台分）

A　アーモンドプードル … 55g
　　全粒薄力粉 … 55g
　　ベーキングパウダー（アルミニウム不使用）… 2g
B　絹ごし豆腐 … 100g
　　てんさい糖 … 40g
　　植物油 … 25g
　　（ここでは高オレイン酸のべに花油を使用。
　　グレープシードオイルなどくせのないものでもよい）
　　バニラエキストラクト（P96）… 小さじ¼
　　塩 … ひとつまみ

つくり方

1　ボウルに A をふるい入れ、泡立て器で混ぜる。

2　別のボウルに B を入れ、ハンディブレンダーで
　　なめらかになるまで均一に混ぜる（**a**）。

3　**1** を加えてゴムベラで均一に混ぜ合わせる
　　（**b**）。

Memo ————————○

• これをタルト台に流し入れて、オーブンで焼きます。

葛ナパージュ

ナパージュとはフランス語で「塗るもの」という意味。
仕上げにフルーツなどに塗って、つやを出します。

材料（つくりやすい分量）

りんごジュース（ストレート）… 200mℓ
葛粉 … 10g

Memo ————————○

• 冷蔵で3日、保存可能です。

つくり方

1　鍋にすべての材料を入れて混ぜる。

2　葛粉が完全に溶けたら中火にかけ、ダマにな
　　らないように泡立て器で混ぜ続ける（**a**）。

3　全体が半透明に
　　なってとろみがつ
　　いたら火を止め、
　　冷ます。

豆腐クリーム

無香タイプのココナッツオイルでつくる、
デコレーションしやすいかたさの豆腐クリームです。

材料（つくりやすい分量）

絹ごし豆腐 … 300g
ココナッツオイル … 100g
（かたまっている場合は湯せんににかけて溶かす）
てんさい糖 … 60g
りんご酢 … 小さじ1
バニラエキストラクト（P96）… 小さじ½
塩 … ひとつまみ

つくり方

1 鍋に湯を沸かし、豆腐を入れて弱火で5分ほどゆでてザルにあげ、
　キッチンペーパーで上からくるんで、サッと水気をきる（**a**）。

2 **1**が温かいうちにボウルに入れ、残りのすべての材料を加えて、
　ハンディブレンダーで完全に乳化するまで混ぜ合わせる。

3 **2**のボウルを氷水にあてながら、ハンディブレンダーでもったりした
　クリーム状になるまでさらに混ぜる。

4 氷水をはずしてラップをかけ、冷蔵庫で1時間以上冷やす。
　使う前に、ゴムベラで混ぜてなめらかにする（**b**）。

a

b
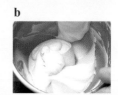

Memo

• 冷蔵で3日、保存可能です。

タルトのパーツ

豆乳カスタード

なめらかで濃厚な、バニラが香るカスタードクリーム。
フルーツとの相性も抜群です。

材料（つくりやすい分量）

無調整豆乳 … 300㎖
ココナッツオイル … 30g
（かたまっている場合は湯せんににかけて溶かす）
てんさい糖 … 30g
葛粉 … 16g
バニラエキストラクト（P96）… 小さじ1
塩 … ひとつまみ

 *Memo*

• 冷蔵で3日、保存可能です。

つくり方

1 ボウルにすべての材料を入れて、泡立て器で混ぜ合わせる。葛粉が完全に溶けたら鍋に移す。

2 中火にかけ、ダマにならないように混ぜ続ける。沸騰してとろみがついたらボウルに移す。

3 空気に触れないように表面にぴったりとラップを密着させて、冷蔵庫で冷ます。使う前にゴムベラで混ぜてなめらかにする。

バニラ
エキストラクト

バニラの豊かな香りが味に深みを与えます。
市販品でもかまいませんが、ぜひ手づくりしてみて。

材料（つくりやすい分量）

バニラビーンズ … 2本
ラム酒（またはウォッカなど好みの蒸留酒）
　… 200㎖

つくり方

1 バニラビーンズのさやに縦に切り目を入れ、ガラス瓶にラム酒とともに入れてふたをする。
1日1回瓶をふり、常温で1か月ほど熟成させる。

Memo

• ガラス瓶はあらかじめ煮沸消毒、またはアルコール消毒した清潔なものを使ってください。

• 長く漬け込むほどに香りが良くなります。

ぶどうとブルーベリーと
キウイフルーツのタルト
P98

いちじくと
紅茶のタルト
P99

ぶどうとブルーベリーとキウイフルーツのタルト

バタークリームのように口溶けがよく、コクのある豆腐クリームをたっぷり使ったタルト。
フルーツとの相性が抜群です。

材料（直径18cmのタルト型1台分）

タルト台（P92、型からはずさないでおく）… 1台
クレームダマンド（P94）… 全量
豆腐クリーム（P95）… 全量
好みのぶどう（縦半分に切る）… 10〜15粒分
ブルーベリー … 10粒
キウイフルーツ（縦半分に切り2mm厚さの半月切り）… 1個分
葛ナパージュ（P94）… 適量
ローズマリー（生、3cm長さに切る）… 2本分

つくり方

1 **タルト台**に**クレームダマンド**を入れ、表面をパレット
　ナイフやゴムベラで均一にならし、180℃に予熱した
　オーブンで25分焼く。型からはずし、ケーキクーラーな
　どにのせて冷ます。

2 **豆腐クリーム**を丸口金をつけたしぼり袋に入れ、**1**の
　表面を覆うようにぐるぐるしぼる（**a**）。最後に縁にもし
　ぼっていく（**b**）。

3 縁のクリームに沿って、キウイフルーツを少しずつ重
　ねて放射状に並べる。その内側にぶどうを並べて、ブ
　ルーベリーを散らす。刷毛で**葛ナパージュ**を塗ってつ
　やを出し（**c**）、ローズマリーを飾る。

Memo

- ここではぶどうは「甲斐路」と「シャインマスカッ
  ト」を合わせて15粒使用しています。皮ごと食
  べられるものがおすすめです。

a

b

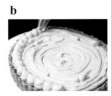

c

いちじくと紅茶のタルト

フレッシュないちじくと、甘みの強い濃厚なドライいちじくの両方を使った贅沢な味。
アールグレイをきかせた豆腐クリームも香り豊かです。

材料（直径18cmのタルト型1台分）

タルト台（P92、型からはずさないでおく）… 1台
いちじく（生、皮付きのまま5mm厚さの輪切り）… 4個分
葛ナパージュ（P94）… 適量
ピスタチオ（粗く刻む）… 30個分
ミント（生）… 適量

〈紅茶ダマンド〉
　クレームダマンド（P94）… 全量
　ドライ白いちじく（5mm角に刻む）… 30g
　アールグレイ茶葉①（ミルサーで粉砕する）… 2g

〈紅茶豆腐クリーム〉
　豆腐クリーム（P95）… 全量
　アールグレイ茶葉②（ミルサーで粉砕する）… 2g

Memo

• アールグレイ茶葉①②はまとめてミルサーで粉砕して、
　パウダーにしてください。

つくり方

1 〈紅茶ダマンド〉をつくる。クレームダマンドにドライ白いちじくとアールグレイ茶葉①を混ぜる。

2 タルト台に1を入れ、表面をパレットナイフやゴムベラで均一にならして、180℃に予熱した
　オーブンで25分焼く。型からはずし、ケーキクーラーなどにのせて冷ます。

3 〈紅茶豆腐クリーム〉をつくる。豆腐クリームにアールグレイ茶葉②を混ぜ込む。3を170℃に
　予熱したオーブンで20分焼く。焼けたらオーブンペーパーごと網の上にのせ、しっかり冷ます。

4 3のクリームを丸口金をつけたしぼり袋に入れ、2の表面を覆うようにぐるぐるしぼる（仕上げ用
　に⅕量を残す）。縁から中心に向かって、いちじくを少しずつ重ねて並べていく。

5 刷毛で葛ナパージュを塗ってつやを出し、ピスタチオを散らす。仕上げに残しておいた〈紅茶豆
　腐クリーム〉をしぼり、ミントの葉を飾る。

ヴィーガンタルト

シトラスの豆乳カスタードタルト

レモンの香りをきかせたクレームダマンドに、柑橘類をたっぷり合わせたフレッシュなおいしさ。
まろやかで濃厚な豆乳カスタードもよく合います。

材料（直径18cmのタルト型1台分）

タルト台（P92、型からはずさないでおく）… 1台

〈シトラスダマンド〉
　クレームダマンド（P94）… 全量
　A レモン果汁…½個分
　│ レモンの皮（黄色い部分をすりおろす）… ½個分

豆乳カスタード（P96）… 全量
みかん（小ぶりのもの）… 3個
水 … 500ml
重曹 … 小さじ1
グレープフルーツ … 1個
ピンクグレープフルーツ … 1個
葛ナパージュ（P94）… 適量
レモンバーム（生）… 適量

つくり方

1 〈シトラスダマンド〉をつくる。**クレームダマンド**に **A** を加えて混ぜる。

2 **タルト台**に **1** を入れ、表面をパレットナイフやゴムベラで均一にならす。
180℃に予熱したオーブンで25分焼く。型からはずし、ケーキクーラーなどにのせて冷ます。

3 鍋に分量の水を入れ、重曹を加えて火にかけ、沸騰したら外皮をむいたみかんを入れて2分ほど煮る（**a**）。冷水にとり、表面をなでて薄皮をむく（**b**）。キッチンペーパーで表面の水気をふきとり、横半分に切る。

4 グレープフルーツの皮をナイフでむき（皮は飾り用に少しとっておく）、ナイフを薄皮の内側に入れ、ひと房ずつ果肉を取り出す（**c**）。キッチンペーパーで表面の水気をふきとる。

5 **豆乳カスタード**を丸口金をつけたしぼり袋に入れ、**2** の表面を覆うようにぐるぐるしぼる。縁に沿って、グレープフルーツを色が交互になるように重ねて並べていく。その内側にみかんを並べ、さらに中心にグレープフルーツを並べる。

6 **5** に刷毛で**葛ナパージュ**を塗ってつやを出し、レモンバームの葉、**4** でとっておいたグレープフルーツの皮の黄色い部分をせん切りにして飾る。

a

b

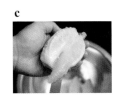
c

Memo

- 柑橘類はしっかり水気をふきとってからタルトにのせると、
  仕上がりが水っぽくなりません。

マンゴーとバナナのココナッツタルト

ジューシーなマンゴーと甘いバナナにココナッツフレークをトッピング。
ココナッツミルクを使ったカスタードでよりトロピカル！

材料（直径18cmのタルト型1台分）

タルト台（P92、型からはずさないでおく）… 1台

〈ココナッツバナナダマンド〉
　A　アーモンドプードル … 55g
　　｜全粒薄力粉 … 55g
　　｜ベーキングパウダー（アルミニウム不使用）… 2g
　B　バナナ（細かく切る）… 100g
　　｜てんさい糖 … 35g
　　｜ココナッツオイル（香りがするタイプ）… 25g
　　｜**バニラエキストラクト**（P96）… 小さじ¼
　　｜塩 … ひとつまみ
　ココナッツフレーク① … 10g

〈ココナッツカスタード〉
　ココナッツミルク … 300ml
　てんさい糖 … 30g
　葛粉 … 16g
　バニラエキストラクト（P96）… 小さじ1

バナナ … 1本分
（5mm厚さの輪切りにし、レモン果汁½個分をかける）
マンゴー（1cm角に切る）… 1個分
葛ナパージュ（P94）… 適量
ココナッツフレーク② … 適量
ピンクペッパー … 10粒
ミント（生）… 適量

つくり方

1 〈ココナッツカスタード〉をつくる。ボウルにすべての材料を入れて、泡立て器で混ぜ合わせる。葛粉が完全に溶けたら鍋に移す。中火にかけ、ダマにならないように混ぜ続ける。沸騰してとろみがついたらボウルに移す。空気に触れないように表面にぴったりとラップを密着させて、冷蔵庫で冷ます。

2 〈ココナッツバナナダマンド〉をつくる。Bの材料をボウルに入れ、ハンディブレンダーでなめらかになるまで均一に混ぜる。Aをふるい合わせて加え、ココナッツフレーク①も入れ、ゴムベラで混ぜ合わせる。

3 タルト台に2を入れ、表面をパレットナイフやゴムベラで均一にならし、180℃に予熱したオーブンで25分焼く。型からはずし、ケーキクーラーなどにのせて冷ます。

4 1の〈ココナッツカスタード〉を丸口金をつけたしぼり袋に入れ、3の表面を覆うようにぐるぐるしぼる。バナナとマンゴーをこんもりと盛り、刷毛で葛ナパージュを塗ってつやを出す。縁にココナッツフレーク②をふり、ピンクペッパーとミントの葉を飾る。

Memo

- トロピカルな風味をつけたいので、このレシピはあえて甘い香りがするタイプのココナッツオイルを使ってください。

スパイシーショコラタルト

複数のスパイスを使った異国情緒あふれる味。
つくりたてはムースのようにやわらかく、冷やすとかたくなるため、異なる食感が楽しめます。

材料（直径18cmのタルト型1台分）

タルト台（P92、型からはずさないでおく）… 1台

〈ショコラムース〉
　絹ごし豆腐 … 100g
　A　カカオマス … 50g
　│　ココナッツオイル … 40g
　B　無調整豆乳 … 80g
　│　てんさい糖 … 40g
　バニラエキストラクト（P96）… 小さじ¼
　ミックススパイス … 適量
　（シナモンパウダー、ナツメグパウダー、
　カルダモンパウダー、粗挽き黒こしょう各少々を混ぜる）

〈飾り用〉
　スターアニス（八角）… 3個
　シナモンスティック … 1本
　バニラビーンズのさや … 1本
　ピンクペッパー … 10粒
　ピスタチオ（粗くきざむ）… 5個分
　ココアパウダー … 適量

Memo
• 飾りのスパイス類は食べないので、省いてもかまいません。

つくり方

1　**〈ショコラムース〉**をつくる。ボウルに **A** を入れて鍋に張った湯にあてて、湯煎する。カカオマスを溶かしながらゴムベラで混ぜ合わせる。

2　豆腐をキッチンペーパーでくるみ、水気を軽くきってから鍋に入れ、スプーンで粗くつぶす。**B** を加えて弱火にかけ、ゴムベラで混ぜながら沸騰させないようにてんさい糖が溶けるまで混ぜる。

3　**1**のボウルに**2**を入れ、**バニラエキストラクト**とミックススパイスを加え、ハンディブレンダーでなめらかなクリーム状になり、乳化するまで混ぜ合わせる（**a**）。

4　**3**をボウルごと氷水にあててゴムベラで混ぜながら冷やし（**b**）、もったりしてきたら**タルト台**に流し入れる。表面をパレットナイフやゴムベラで均一にならし、冷蔵庫で1時間冷やしかためる。

5　仕上げに**〈飾り用〉**のスパイスとピスタチオをのせ、ココアパウダーをふる。

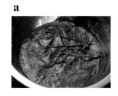

a

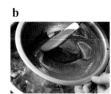

b

りんごとクランベリーのクランブルタルト

サクサクほろほろのクランブル、甘酸っぱいりんごとクランベリーのコントラスト！
果物のおいしさが凝縮したリッチなベイクドタルトです。

材料（直径18cmのタルト型1台分）

タルト台（P92、型からはずさないでおく）… 1台
クレームダマンド（P94）…全量

A　紅玉りんご … 1個分
　　（皮を厚めにむき、皮は粗いみじん切りに、果肉は1cm角に切る）
　　ドライクランベリー … 40g
　　レモン果汁 … ½個分
　　レモンの皮（皮の黄色い部分をすりおろす）… ½個分

B　植物油 … 大さじ1
　　（ここでは高オレイン酸のべに花油を使用。
　　グレープシードオイルなどくせのないものでもよい）
　　てんさい糖 … 10g

〈クランブル生地〉

C　アーモンドプードル … 25g
　　全粒薄力粉 … 25g
　　てんさい糖 … 13g
　　シナモンパウダー … 少々
　　塩 … ひとつまみ

D　植物油 … 15g
　　（ここでは高オレイン酸のべに花油を使用。
　　グレープシードオイルなどくせのないものでもよい）
　　無調整豆乳 … 小さじ1½

Memo

• りんごは甘みだけでなく、しっかり酸味のある紅玉を使ってください。

つくり方

1　**〈クランブル生地〉**をつくる。ボウルに **C** を入れて、泡立て器で混ぜ合わせる。別のボウルに **D** を入れて、泡立て器で混ぜる。**C** に **D** をまわし入れ、粉で水分を包むようにして粗いそぼろ状になるまで指先ですり混ぜる（**a**、**b**）。

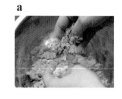

2　フライパンに **B** を入れて中火にかけ、てんさい糖が溶けてふつふつとしてきたら **A** を加え、水気がなくなるまで3分ほどソテーし、火からおろして粗熱をとる。

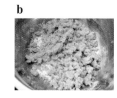

3　タルト台に**クレームダマンド**を入れ、表面をパレットナイフやゴムベラで均一にならす。**2**をのせて、さらに**1**の**〈クランブル生地〉**をのせる。

4　170℃に予熱したオーブンで45分焼く。

黒糖キャラメルナッツの穀物コーヒータルト

黒糖キャラメルをからめたローストナッツに、
コーヒーのほろ苦い風味のクレームダマンドと組み合わせれば、大人っぽい味に。

材料（直径18cmのタルト型1台分）

タルト台（P92、型からはずさないでおく）… 1台

〈穀物コーヒーダマンド〉
　クレームダマンド（P94）… 全量
　穀物コーヒー … 3g

〈黒糖キャラメルナッツ〉
　ミックスナッツ（無塩）… 150g
　無調整豆乳 … 40mℓ
　A　黒糖 … 40g
　│　ココナッツオイル … 15g

つくり方

1　**〈穀物コーヒーダマンド〉**をつくる。クレームダマンドに
　穀物コーヒーを加えて混ぜる。

2　タルト台に**1**を入れ、表面をパレットナイフやゴムベラで
　均一にならし、180℃に予熱したオーブンで20分焼く。

3　**〈黒糖キャラメルナッツ〉**をつくる。鍋に豆乳を入れ、沸
　騰しないよう温める。別の鍋に**A**を入れて中火にかけ、
　黒糖が溶けてふつふつとしてきたら火を止める。
　豆乳とミックスナッツを加えて混ぜ、再度中火にかけてひ
　と煮立ちさせたら**2**にのせる。180℃に予熱したオーブン
　で、さらに12分焼く。

Memo

• 穀物コーヒーは大麦やライ麦、チコリなどを焙煎した
　コーヒー風の飲み物。なければインスタントコーヒー、
　ココアパウダーでも代用できます。

プルーンとかぼちゃと小松菜のタルト

ビタミンもミネラルも豊富な小松菜とかぼちゃでつくる野菜タルト。
ドライプルーンの甘みがやさしいアクセントになります。

材料（直径18cmのタルト型1台分）

タルト台（P92、型からはずさないでおく）… 1台
ドライプルーン（種なし、半分に切る）… 7個分
かぼちゃ … 200g
かぼちゃの種 … 10〜20g

〈小松菜ダマンド〉

A アーモンドプードル … 55g
　　全粒薄力粉 … 55g
　　ベーキングパウダー（アルミニウム不使用）
　　　… 2g

B 絹ごし豆腐 … 60g
　　小松菜（ゆでて水気をしぼり、ざく切り）… 50g
　　てんさい糖 … 35g
　　植物油 … 25g
　　（ここでは高オレイン酸のべに花油を使用。
　　グレープシードオイルなどくせのないものでもよい）
　　塩 … ひとつまみ

つくり方

1 〈小松菜ダマンド〉をつくる。ボウルに **A** をふるい入れ、
泡立て器で混ぜ合わせる。別のボウルに **B** を入れ、ハ
ンディブレンダーでなめらかになるまで均一に混ぜる。
A に **B** を加えてゴムベラで切るように、均一になるまで
混ぜ合わせる。

2 かぼちゃを蒸気のあがった蒸し器で竹串がスッと通るま
で蒸して、1cm厚さの小さめのひと口サイズに切る。

3 **タルト台**に **1** を入れ、表面をパレットナイフやゴムベラで
均一にならし、**2** のかぼちゃ、プルーンを生地に押し込む
ように外側から縁に沿ってのせる。かぼちゃの種を**タル
ト台**と〈小松菜ダマンド〉の境目に並べ、180℃に予熱
したオーブンで25分焼く。

Memo
• 小松菜はしっかり水気をしぼってから使ってください。

ヴィーガンタルト

持ちよりにもぴったり、
野菜ケークサレ

「ケークサレ」とは、お酒のつまみになる塩味のケーキ。
型くずれしにくいので、持ちよりパーティーの一品にもおすすめです。

玉ねぎの
ケークサレ

卵もバターも使わないのに、ふわふわ、しっとりとした食感。
玉ねぎのシンプルな旨みと甘みをしっかりとじこめて焼きます。

材料（18×8cmのパウンド型1台分）

玉ねぎ（1cm角に切る）… 150g

A（合わせてふるっておく）
薄力粉 … 50g
全粒薄力粉 … 50g
ベーキングパウダー … 5g

B 絹豆腐 … 60g
EXVオリーブオイル … 大さじ2
無調整豆乳 … 小さじ2
塩 … 小さじ⅓（2g）
てんさい糖 … ひとつまみ

つくり方

1 鍋にEXVオリーブオイル大さじ1（分量外）をひいて中火にかけ、玉ねぎを炒める。透き通って甘みが出たら、バットなどに移してしっかり冷ます。

2 ボウルに**B**を入れて、泡立て器でなめらかになるまで混ぜ合わせる。

3 **2**に**A**を加えて、混ぜ合わせる。粉気がなくなってきたら、**1**の玉ねぎも加えてさっくりと混ぜる（**a**）。

4 オーブンペーパーを敷き込んだパウンド型に**3**を流し入れ、平らにならす（**b**）。

5 **4**を180℃に予熱しておいたオーブンで25分ほど焼く。竹串を刺して、生の生地がついてこなければ焼きあがり。型に入れたまま、網にのせて冷ます。

Memo

• 玉ねぎを倍量に増やして、弱火であめ色になるまで
炒めてから加えてもおいしいです。

a

b

アボカドの
グリーンケークサレ

「玉ねぎのケークサレ」にアボカドをプラスするだけ！
まったりとしたアボカドの風味がたまらないおいしさです。

材料（18×8cmのパウンド型1台分）

アボカド … 1個分（約120g）
（半分はつぶしてペーストに、半分は5mm厚さにスライス）
「玉ねぎのケークサレ」の材料

つくり方

1 **「玉ねぎのケークサレ」**つくり方 **1** 〜 **3** と同じ手順で生地をつくる。ただし、**2** で **B** を混ぜるときに、アボカドのペーストも加える。

2 オーブンペーパーを敷き込んだパウンド型に **1** の半量を流し入れ、半量のアボカドスライスを重ねる。残りの半量の生地を流し入れたら、上に残りの半量のアボカドスライスを並べる。

3 **「玉ねぎのケークサレ」**と同じように焼く。

Memo

• しっかり冷めてから切ると、きれいにカットできます。

伴 奈美

Nami Ban

東京生まれ。東京・高円寺のヴィーガン料理店「メウノータ」店主、ベジタリアンメニューコンサルタント。インドヨガ講師。さまざまなジャンルのレストランやカフェなどで料理人としての腕を磨き、仕事で訪れたニューヨークでヴィーガン料理と出合う。「誰でも分け隔てなく、おいしく食べられる料理」に魅力を感じ、前職ではヴィーガン料理のレシピ開発を手がける。2010年に独立し、「メウノータ」をオープン。著書に『無国籍ヴィーガン食堂　メウノータの野菜料理「味つけ」レッスン』(小社刊)がある。

vege&grain cafe
meu nota メウノータ

東京都杉並区高円寺南3-45-11 2F
03-5929-9422
http://www.meunota.com/

ブックデザイン　俵 拓也
　　　　　　　　根本佳奈
撮影　　　　　　下村しのぶ
　　　　　　　　山下コウ太
　　　　　　　　(P76~P108、P112)
校正　　　　　　ディクション
編集　　　　　　大沼聡子

本書の内容に関するお問い合わせは、お手紙かメール(jitsuyou@kawade.co.jp)にて承ります。恐縮ですが、お電話でのお問い合わせはご遠慮くださいますようお願いいたします。

無国籍食堂メウノータのヴィーガンレシピ

2023年11月20日　初版印刷
2023年11月30日　初版発行

著　者　　伴 奈美
発行者　　小野寺優
発行所　　株式会社河出書房新社
　　　　　〒151-0051
　　　　　東京都渋谷区千駄ヶ谷2-32-2
　　　　　電話　03-3404-1201(営業)
　　　　　　　　03-3404-8611(編集)
　　　　　https://www.kawade.co.jp/
印刷・製本　TOPPAN株式会社

Printed in Japan
ISBN978-4-309-29352-3